O golpe de 1964

 Confira as publicações da Coleção FGV de Bolso no fim deste volume.

FGV de Bolso
Série História
35

O golpe de 1964

momentos decisivos

Carlos Fico

Copyright © Carlos Fico

1ª edição – 2014; 1ª reimpressão – 2017; 2ª reimpressão – 2019; 3ª reimpressão – 2020; 4ª reimpressão – 2022; 5ª reimpressão – 2024.

Impresso no Brasil | *Printed in Brazil*

Todos os direitos reservados à EDITORA FGV. A reprodução não autorizada desta publicação, no todo ou em parte, constitui violação do copyright (Lei nº 9.610/98).

Os conceitos emitidos neste livro são de inteira responsabilidade do autor.

COORDENADORES DA COLEÇÃO: Marieta de Moraes Ferreira e Renato Franco
COORDENAÇÃO EDITORIAL E COPIDESQUE: Ronald Polito
REVISÃO: Sandro Gomes dos Santos e Marco Antonio Corrêa
DIAGRAMAÇÃO, PROJETO GRÁFICO E CAPA: dudesign

Ficha catalográfica elaborada
pela Biblioteca Mario Henrique Simonsen/FGV

Fico, Carlos
  O golpe de 64 : momentos decisivos / Carlos Fico. - Rio de Janeiro: Editora FGV, 2014.
    148 p. - (Coleção FGV de bolso. Série História)
    Inclui bibliografia.

  ISBN: 978-85-225-1474-8

  1. Brasil – História – Revolução, 1964. I. Fundação Getulio Vargas. II. Título. III. Série.

CDD – 981.064

Editora FGV
Rua Jornalista Orlando Dantas, 37
22231-010 | Rio de Janeiro, RJ | Brasil
Tels.: 0800-021-7777 | 21-3799-4427
Fax: 21-3799-4430
editora@fgv.br | pedidoseditora@fgv.br
www.fgv.br/editora

Sumário

Apresentação   7

Antecedentes   13
Presidente por acaso   13
Guerra Fria   24
Desestabilização e conspiração   30
Jango altera-se   37

O golpe   57
História incruenta   57
A mobilização da sociedade   60
Movimentação de tropas   68
A "Operação *Brother Sam*"   74
Congresso Nacional: a cereja do bolo   81
Jogando a toalha   89
Quem manda?   94
O ato sem número: punições legais ou revolucionárias?   97
Reconhecimento   107

Do golpe à ditadura 115
Considerações finais 115

Cronologia 123

Referências 131

Apresentação

O golpe de Estado de 1964 é o evento-chave da história do Brasil recente. Dificilmente se compreenderá o país de hoje sem que se perceba o verdadeiro alcance daquele momento decisivo. Ele inaugurou um regime militar que duraria 21 anos, mas, em 31 de março de 1964, quando o presidente João Goulart foi deposto, não se sabia disso: o golpe não pressupunha, necessariamente, a ditadura que se seguiu. Como o golpe se transformou em uma ditadura? Muitas pessoas que o apoiaram arrependeram-se com o passar do tempo. Aliás, não foram poucos os que apoiaram o golpe: a imprensa, a Igreja Católica, amplos setores da classe média urbana. Instituições que, anos depois, se tornariam fortes opositoras do regime – como a Ordem dos Advogados do Brasil (OAB), a Associação Brasileira de Imprensa (ABI) ou a Conferência Nacional dos Bispos do Brasil (CNBB) –, tiveram atitudes no mínimo dúbias naquele momento. Portanto, é preciso ter em mente que o golpe não foi uma iniciativa de militares desarvorados que decidiram, do nada, investir contra o regime constitucional e o presidente legítimo do Brasil. Houve apoio da sociedade.

Creio que essas considerações preliminares são importantes. Muitas vezes, quando estudamos a ditadura militar – como eu tenho feito há tantos anos –, tendemos a ver o golpe de 1964 apenas como seu evento inaugural, mas ele foi mais do que isso. Representou a expressão mais contemporânea do persistente autoritarismo brasileiro, que já se manifestou em tantas outras ocasiões – como no outro regime autoritário republicano, o Estado Novo (1937-45). Portanto, talvez a pergunta essencial a se fazer seja: "por que tantos o apoiaram?", em vez de apenas nos perguntarmos "como foi que se iniciou a ditadura militar?".

Os fenômenos históricos são complexos. Não há fatos simples. O bom entendimento histórico não é confortável, apaziguador: ele não equaciona o passado, nem nos dá respostas definitivas, mas nos faz pensar. No caso do apoio de parte da sociedade ao golpe de 1964, por exemplo, há complicadores. Se, por um lado, a imprensa, a Igreja Católica e parte da classe média – além dos empresários – apoiaram a derrubada de Goulart, existem, por outro lado, pesquisas confiáveis que mostram que a sociedade apoiava o presidente. Segundo o Ibope (que foi criado em 1942), às vésperas do golpe, Goulart tinha razoável apoio popular. O instituto doou acervo da época à Unicamp e o historiador Luiz Antonio Dias tem trabalhado o material. Segundo ele, as chances de vitória de Goulart seriam grandes no caso de o presidente disputar a reeleição em 1965. Contava com mais da metade das intenções de voto na maioria das capitais pesquisadas, perdendo para Juscelino Kubitschek apenas em Belo Horizonte e Fortaleza. 55% dos paulistanos entrevistados consideravam as medidas anunciadas no Comício da Central por Jango muito importantes para o povo. Em junho de 1963, Goulart era aprovado por 66% da população de São Paulo, mais do que o índice obtido pelo governador Adhemar de Barros (59%) e pelo prefeito Prestes Maia (38%). Pouco antes do golpe, a proposta de reforma agrária obteve apoio superior a 70% em algumas capitais e 72% da população apoiavam o governo de João Goulart. Isso comprova que a campanha de desestabilização de que foi vítima o presidente – que gerou propaganda massiva – não foi eficaz e, muito menos, suficiente para a derrubada de Jango.

Os estudiosos do golpe de 1964 e do período histórico que se seguiu têm insistido em um ponto: não deveríamos usar as expressões "golpe militar" e "ditadura militar", pois seriam mais corretas as designações golpe e ditadura "civil-militar". A preocupação é louvável porque tem em vista justamente o fato de que houve apoio civil ao golpe e ao regime. Eu sustentaria, no entanto, um ponto de vista um pouco diferente: não é o apoio político que determina a natureza dos eventos da história, mas a efetiva participação dos agentes históricos em sua configuração. Nesse sentido, é correto designarmos o golpe de Estado de 1964 como civil-militar: além do apoio de boa parte da sociedade, ele foi efetivamente dado também por civis. Governadores, parlamentares, lideranças civis brasileiras – e até o governo dos Estados Unidos da América – foram conspiradores e deflagradores efetivos, tendo papel ativo como estrategistas. Entretanto, o regime subsequente foi eminentemente militar e muitos civis proeminentes que deram o golpe foram logo afastados pelos militares justamente porque punham em risco o seu mando. É verdade que houve o apoio de parte da sociedade também à ditadura posterior ao golpe – como ocorreu durante o período de grande crescimento da economia conhecido como "milagre brasileiro" –, mas, como disse antes, não me parece que apenas o apoio político defina a natureza de um acontecimento, sendo possivelmente mais acertado considerar a atuação dos sujeitos históricos em sua efetivação. Por isso, admito como correta a expressão "golpe civil-militar", mas o que veio depois foi uma ditadura indiscutivelmente militar.

Para os que o patrocinaram, o golpe foi a "revolução de 64", a "revolução redentora". Curiosamente, entretanto, existe uma designação que é aceita por militares e por ao menos um destacado intelectual comunista, Jacob Gorender, historiador autodidata falecido em 2013. Para muitos militares, Goulart planejaria um golpe, buscando manter-se no poder com o apoio das esquerdas que, afinal, o dominariam, tornando seu governo definitivamente comunista. Embora não existam provas que sustentem essa interpretação, os que pensam assim entendem que 1964 foi um "contragolpe preventivo" para evitar o "golpe" de Goulart. A tese é defendida tanto pelo coronel Jarbas Passarinho – ministro de Costa e Silva, da junta militar, de Médici e de Figueiredo, homem que aprovou o AI-5 com a famosa frase "às favas os escrúpulos de consciência" –, quanto pelo historiador Jacob Gorender – fundador do PCBR –, para o qual os golpistas tinham sobradas razões para agir "antes que o caldo entornasse", já que, para Gorender, a dinâmica social anterior ao golpe era francamente revolucionária, "ponto mais alto das lutas dos trabalhadores brasileiros" no século XX. Em história, entretanto, não podemos analisar o que "poderia ter ocorrido" e não temos como sustentar teses sem o amparo de evidências empíricas.

Penso este livro como uma conversa com o leitor. Espero convencê-lo de meus pontos de vista não porque me ponha em uma posição de autoridade, como a do historiador que sabe o que efetivamente aconteceu. A história enxerga a verdade como um horizonte utópico. Não é uma miragem, mas só podemos vê-la – permitam-me a aparente contradição – fechando os olhos. A palavra horizonte não tem apenas o sentido de campo de visibilidade de uma pessoa, mas também significa a representação dos limites da consciência, da memória, e quando formamos imagens visuais mentais nós fechamos os olhos. Mesmo o estabelecimento das chamadas "verdades factuais" é difícil, porque o acesso ao passado se dá através de vestígios que, frequentemente, são controversos. Dialogar com o leitor, expondo decididamente minhas dúvidas e incertezas, esse me parece ser o caminho certo para a busca, tantas vezes infrutífera, da verdade.

Planejei este texto da maneira mais simples possível. Vou tratar de alguns antecedentes do golpe de 1964, da inesperada chegada de Goulart ao poder e da crise política que antecedeu sua derrubada. Em seguida, abordarei o golpe em si, os momentos dramáticos vividos pelo Brasil no final de março e início de abril daquele ano. Finalmente, veremos como o "golpe" virou "ditadura", isto é, como o evento de março de 1964 tornou-se o inaugurador do mais longo regime autoritário do Brasil republicano.

As citações de discursos e documentos foram retiradas dos jornais da época. As avaliações de autoridades norte-americanas foram encontradas no *National Archives and Records Administration* dos EUA para a pesquisa que publiquei em *O grande irmão*.

Este é um livro pensado para o grande público, não tem natureza acadêmica. É um formato muito adequado para a manifestação mais "livre", por assim dizer, de nossos pontos de vista, sem as amarras por vezes asfixiantes do formato universitário. Não vou recheá-lo com notas explicativas e bibliográficas, embora, para escrevê-lo, eu me ampare no conhecimento histórico acadêmico de alto nível que temos hoje no Brasil. É realmente notável como a historiografia brasileira evoluiu nos últimos 30 anos, especialmente no que diz respeito aos estudos sobre a história do Brasil republicano e, singularmente, sobre a história do regime militar. Isso certamente expressa o crescente interesse da sociedade brasileira sobre aquele período. Lembro-me de que, em 1994, quando do aniversário de 30 anos do golpe, poucos se interessaram pelos eventos que promovemos na universidade. Dez anos depois, em 2004 – marco dos 40 anos –, a imprensa acompanhou atentamente nossos seminários acadêmicos. Agora, nos 50 anos do golpe, o interesse é maior, inclusive em função dos trabalhos da Comissão Nacional da Verdade. Mas eu falava da historiografia: uma pequena bibliografia sobre o tema pode ser consultada no final do volume. Naturalmente, vou me basear também em minhas próprias pesquisas – e os raros leitores que já me conhecem saberão identificar uma ou outra evolução, uma que outra mudança de ponto de vista, pois tenho me beneficiado muito não apenas das pesquisas feitas por diversos colegas, mas também daquelas conduzidas pelos bacharelandos, mestrandos e doutorandos que tenho orientado – meus queridos alunos aos quais dedico este livro.

Antecedentes

Presidente por acaso

Diante de uma plateia numerosa, João Goulart hesitou ao nomear a China: "Viva a amizade, cada vez mais estreita, entre a China... Popular e os Estados Unidos do Brasil!". Era parte do encerramento de um dos discursos que fez durante sua visita àquele país em agosto de 1961. Ele provavelmente pensou em dizer "China comunista", mas acabou acertando o nome oficial do país. Popular ou comunista? O pequeno lapso, que passou inteiramente desapercebido das autoridades e dos jovens chineses que lotavam o auditório, talvez possa ser considerado metáfora da crise em que Goulart se envolveria poucos dias depois.

Ele estava na China liderando uma missão diplomática brasileira, na qualidade de vice-presidente da República, enviado pelo presidente Jânio Quadros. Embora não existam documentos comprobatórios, não é inteiramente despropositado supormos que a presença do vice-presidente na China foi planejada por Jânio Quadros como parte da estratégia que o então presidente traçou para — tudo indica — conquistar maiores poderes.

Jânio e "Jango" — como Goulart também era conhecido — haviam sido eleitos presidente e vice-presidente da República em 3 de outubro de 1960. Eles não compunham uma chapa, como ocorre hoje, pois naquela época as candidaturas eram avulsas. O *jingle* de Jango fez muito sucesso, ao propor o neologismo "jangar":

> Na hora de votar,
> O brasileiro vai votar:
> É Jango, é Jango, é o Jango Goulart.
> Pra vice-presidente,
> Nossa gente vai "jangar"
> É Jango, Jango, é o João Goulart

Jango superou os demais candidatos a vice-presidente Milton Campos e Fernando Ferrari, contabilizando mais de 4,5 milhões de votos. Já havia feito o mesmo em outubro de 1955: fora candidato a vice-presidente e elegeu-se com mais de 3,5 milhões de votos, derrotando Milton Campos e Danton Coelho, ultrapassando, desse modo, a votação do candidato eleito à Presidência da República, Juscelino Kubitscheck, que obteve pouco mais de 3 milhões de votos.

Jânio Quadros, nas eleições de 1960, obteve mais de 5,6 milhões de votos, depois de ter mobilizado o país em torno do tema do combate à corrupção, usando o símbolo da vassoura, que "varreria" a corrupção do país. Seu *jingle* também foi muito executado. Na época, o rádio exercia papel tão importante nas campanhas eleitorais como hoje o faz a TV. A música reproduzia o som da vassoura "varrendo a corrupção":

> Varre, varre, varre vassourinha!
> Varre, varre a bandalheira.
> Que o povo já está cansado
> De sofrer dessa maneira.
> Jânio Quadros é a esperança desse povo abandonado!
> Jânio Quadros é a certeza de um Brasil moralizado.
> Alerta, meu irmão!
> Vassoura, conterrâneo!
> Vamos vencer com Jânio!

A eleição separada para presidente e vice-presidente deve ser bem considerada. Jango foi eleito duas vezes. Não foi pouca coisa. A candidatura a vice-presidente buscava eleição nominal, não vinha a reboque do prestígio do candidato a presidente. O vice-presidente tinha efetiva legitimidade e, por vezes, força eleitoral superior à do candidato a presidente.

As eleições aconteceram em outubro de 1960 e a posse de Jânio e Jango deu-se em janeiro de 1961. Portanto, em agosto de 1961, haviam se passado apenas sete meses do mandato presidencial de Jânio Quadros.

Enquanto Goulart estava na China, ocorreu a inesperada renúncia de Jânio à Presidência da República, precisamente no dia 25 de agosto de 1961. O gesto do presidente pegou a todos de surpresa e nunca foi bem explicado. Aparentemente, Jânio tinha planos de causar uma comoção nacional que exigisse seu retorno, o que o fortaleceria e lhe daria maiores poderes. Se esse era seu plano, fracassou totalmente: o Congresso Nacional aceitou a renúncia do presidente, como não poderia deixar de ser, já que se tratava de um ato unilateral de vontade. Não houve, por outro lado, nenhuma mobilização popular pedindo sua permanência, e Jânio Quadros saiu de Brasília em direção à base aérea de Cumbica, em Guarulhos (SP), onde, praticamente desacompanhado, tomou um prosaico automóvel DKV-Vemag. No dia 28 de agosto, embarcou com sua família, em Santos, no transatlântico inglês *Uruguai Star* com destino a Londres, deixando o país envolvido em grave crise política. O gesto irresponsável de Jânio Quadros – nunca será demais repeti-lo – inaugurou uma das piores fases da história política do Brasil.

Assumiu a Presidência da República o presidente da Câmara dos Deputados. O deputado paulista pelo PSD (Partido Social Democrático), Pascoal Ranieri Mazzilli, exercia este elevado cargo, mas passou à história como um fantoche inexpressivo. Distinguira-se, nos anos 1950, por apresentar projetos voltados para o mercado financeiro e o comércio exterior, mas faria maior sucesso como gestor de pequenos favores no parlamento. Com o apoio de Juscelino Kubitschek, chegou à presidência da Câmara dos Deputados em 1959 – após negociações com a União Democrática Nacional (UDN) – e lá se manteve por seis eleições sucessivas. Contou com o apoio do udenista José Bonifácio Lafayette de Andrade, primeiro-secretário da mesa diretora da Câmara. Ocupou diversas vezes a Presidência da República: em agosto de 1960, por causa de viagem de Kubitscheck a Portugal e em função da candidatura do vice-presidente à reeleição; em abril de 1962, por nove dias, em função da viagem de Goulart aos Estados Unidos da América; em junho de 1963, novamente substituindo Goulart, que fora ao Vaticano assistir à entronização do papa Paulo VI. No dia 2 de abril de 1964, por causa do golpe, assumiu, mais uma vez sem poderes, a Presidência da República. Tentou eleger-se, uma vez mais, presidente da Câmara dos Deputados em 1965, mas perdeu para o deputado Bilac Pinto, que contava com o apoio do marechal Castelo Branco. Tentaria a reeleição para o cargo de deputado federal em novembro de 1966, mas os votos que conseguiu lhe valeram apenas a sexta suplência. Voltou-se para o plantio do café, em fazenda no sul de Minas herdada de seus pais.

Os comandantes das Forças Armadas (que na época tinham o *status* de ministro) logo declararam que não aceitariam o retorno de Goulart ao Brasil para ser empossado como o novo presidente da República. Três dias após a renúncia de Jânio, Ranieri Mazzilli acedeu em enviar uma mensagem ao presidente do Congresso dizendo que os ministros da Guerra (assim era designado o futuro Ministério do Exército), marechal Odílio Denis, da Marinha, vice-almirante Sylvio Heck, e da Aeronáutica, brigadeiro-do-ar Gabriel Grum Moss, "na qualidade de chefes das Forças Armadas, responsáveis pela ordem interna, [lhe] manifestaram a absoluta inconveniência, por motivos de segurança nacional, do regresso ao país do vice-presidente João Belchior Marques Goulart".

Não satisfeitos em usar Mazzilli como garoto de recados, os ministros decidiram lançar, dois dias depois, um manifesto à nação contra a posse de Jango. Eles repetiram que o retorno de Goulart ao país era uma "absoluta inconveniência". Insinuaram que Jango, quando fora ministro do Trabalho de Getúlio Vargas (1953-54), mostrara "suas tendências ideológicas incentivando e mesmo promovendo agitações sucessivas e frequentes nos meios sindicais, com objetivos evidentemente políticos e em prejuízo mesmo dos reais interesses de nossas classes trabalhadoras". Disseram que Jango nomeara esquerdistas para cargos importantes no ministério, "ativos e conhecidos agentes do comunismo internacional". Mencionaram, inclusive, a presença do vice-presidente na China, onde teria deixado "clara e patente sua incontida admiração ao regime (...) exaltando o êxito das comunas populares".

Podemos, aqui, retomar a ligeira hesitação de Goulart no discurso que fez na China: comunista ou popular? Jango estava longe de ser comunista. Era um fazendeiro, dono de boa quantidade de terras no Rio Grande do Sul. Mas também era um político popular, sobretudo desde que aumentara em 100% o salário mínimo, em 1954, enquanto estivera no Ministério do Trabalho, aspecto que os ministros militares não mencionaram diretamente, mas que se pode antever em seu manifesto. Era um homem simples, acostumado ao convívio com o povo, com os trabalhadores, inclusive por sua atuação no Ministério do Trabalho, quando estreitou laços com os sindicatos. Era estimado pela população até mesmo por ter sido adotado como afilhado político pelo mítico presidente Getúlio Vargas — e boa parcela dos militares era antigetulista. Considerava, de maneira genuína, que o povo pobre do Brasil precisava receber um tratamento mais justo do ponto de vista social. Mas, se Jango não era comunista, o que seria? Ele padecia de certa indefinição, titubeava não apenas em discursos e transparecia, algumas vezes, uma imagem vacilante, embora também fosse reconhecido como um habilidoso negociador. É uma das personalidades mais controvertidas da história do Brasil. Seus biógrafos oscilam entre classificá-lo como um covarde ou como um herói.

Seja como for, a renúncia de Jânio Quadros, a ausência de João Goulart e o pronunciamento dos ministros militares mergulharam o Brasil em uma tremenda agitação política. Goulart, ainda na China, deu vários telefonemas a políticos brasileiros e estabeleceu uma estratégia de algum modo bem-sucedida: ele deixou que a crise se aprofundasse, retardando seu retorno ao país, na expectativa de que alguma solução fosse encontrada. Foi de Cantão para Cingapura, de onde pretendia ir para algum país europeu. Depois de alguns imprevistos, chegou a Paris e de lá foi para Barcelona. Decidiu voar para os Estados Unidos de onde poderia fazer a rota pelo Pacífico até o Rio Grande do Sul. Assim, de Nova York dirigiu-se até Buenos Aires (com escalas em Miami, Panamá e Lima) e da capital argentina voou para Montevidéu. Finalmente, no dia 31 de agosto, fez um voo muito tenso até Porto Alegre porque havia ameaças de que seu avião seria atacado por caças da FAB.

Nas inúmeras ligações telefônicas que fez, sugeriu que a solução estava no Congresso Nacional. Goulart usou inteligentemente uma passagem do manifesto dos militares: se seu retorno era "inconveniente", também diziam os ministros militares que sua posse seria um "incentivo a todos aqueles que desejam ver o país mergulhado no caos" se isso ocorresse no "regime que atribui ampla autoridade de poder pessoal ao chefe da nação", ou seja, o presidencialismo. Abria-se uma brecha: e se o regime fosse mudado? Goulart poderia assumir caso o regime político brasileiro fosse outro? Ao invés de presidencialismo, que tal o parlamentarismo?

A crise que se instaurou decorreu não apenas da posição dos ministros militares, mas do que ela ocasionou. Diante da atitude golpista dos chefes das Forças Armadas, o governador do Rio Grande do Sul, Leonel Brizola – que era cunhado de Jango –, iniciou, no dia 27 de agosto, uma campanha exitosa, que se tornaria conhecida como "Rede da Legalidade". Brizola, excelente comunicador, foi para as rádios defender o direito de Goulart voltar ao Brasil e assumir a presidência da República. Seu argumento era imbatível: essa era a solução legal prevista pela Constituição. Dezenas de emissoras passaram a transmitir os pronunciamentos da Rede da Legalidade, inclusive para fora do país, pois textos em outras línguas também eram lidos. Essa iniciativa teve grande sucesso, mobilizando as pessoas Brasil afora: se o presidente renuncia, deve assumir o vice-presidente.

O ministro da Guerra, Odílio Denis, havia determinado que a Rádio Gaúcha e a Rádio Farroupilha interrompessem suas transmissões, mas Brizola requisitou a Rádio Guaíba e a transformou em emissora oficial do governo do Rio Grande do Sul, instalando-a no próprio Palácio Piratini, sede do governo estadual. Dezenas de emissoras passaram a retransmiti-la em todo o Brasil. Surgiram boatos de que o palácio seria bombardeado e a tensão aumentou quando se soube que o comandante do III Exército, general Machado Lopes, para lá se dirigia. Entretanto, em vez de investir contra a multidão e tomar o palácio, o general apresentou-se ao governador Brizola e apoiou a Rede da Legalidade, dividindo o Exército e tornando-se peça-chave para o sucesso do movimento. A atitude de Brizola o transformaria em uma espécie de inimigo número 1 dos militares. Não por acaso, Odílio Denis teria papel muito importante no golpe de 1964.

A Rede da Legalidade teve grande importância para o desdobramento da crise, até porque a atitude dos ministros militares havia desagradado a boa parte da opinião pública, inclusive jornais importantes como *Correio da Manhã*, *Jornal do Brasil* e outros. Os jornais *O Estado de S. Paulo* e *O Globo* apoiaram os ministros, opondo-se à posse de Goulart. Mas a posição legalista prevaleceria.

A solução encontrada para o impasse foi a adoção, às pressas, do sistema parlamentarista, que limita os poderes do presidente da República. Nesse sentido, o Congresso Nacional aprovou uma emenda constitucional, no dia 2 de setembro, segundo a qual caberia a um conselho de ministros "a direção e a responsabilidade da política do governo, assim como da administração federal". Goulart pôde tomar posse e o fez, simbolicamente, em 7 de setembro de 1961, Dia da Independência. Em seu discurso, afirmou sua disposição para o diálogo, fez referência indireta à Rede da Legalidade e à adoção do sistema parlamentarista, mas advertiu que a emenda estabelecia a realização de um plebiscito para decidir, em última instância, sobre a manutenção do sistema parlamentarista ou o retorno ao presidencialismo:

> A minha investidura, embora sob a égide de um novo sistema, consagra respeitoso acatamento à ordem constitucional. Subo ao poder ungido pela vontade popular, que me elegeu duas vezes vice-presidente da República, e que, agora, em impressionante manifestação de respeito pela legalidade e pela defesa das liberdades públicas uniu-se, através de todas as suas forças, para impedir que a sua decisão soberana fosse desrespeitada. (...) Neste magnífico movimento de opinião pública, formou-se, no calor da crise, uma união nacional que haveremos de manter de pé, com a finalidade de dissipar ódios e ressentimentos pessoais, em benefício dos altos interesses da nação, da intangibilidade de sua soberania e da aceleração de seu desenvolvimento. (...) Souberam vossas excelências resguardar, com firmeza e sabedoria, o exercício e a defesa mesma do mandato que a nação lhes confiou. Cumpre-nos, agora, mandatários do povo, fiéis ao preceito básico de que todo o

poder dele emana, devolver a palavra e a decisão à vontade popular que nos manda e que nos julga, para que ela própria dê seu referendum supremo às decisões políticas que em seu nome estamos solenemente assumindo neste instante. Surpreendido quando em missão do meu país no exterior, com a eclosão de uma crise político-militar, não vacilei um só instante quanto ao dever que me cabia cumprir. (...) Solidário com as vivas manifestações de nossa consciência democrática, de mim não se afastou, um momento sequer, o pensamento de evitar, enquanto com dignidade pudesse fazê-lo, a luta entre irmãos. Tudo fiz para não marcar com o sangue generoso do povo brasileiro o caminho que me trouxe a Brasília. Sabem os partidos políticos, sabem os parlamentares, sabem todos que, inclusive por temperamento, inclino-me mais a unir do que a dividir, prefiro pacificar a acirrar ódios, prefiro harmonizar a estimular ressentimentos (...).

A experiência parlamentarista foi um fracasso. O primeiro gabinete foi chefiado por Tancredo Neves, então deputado federal pelo PSD, que teve de renunciar em junho de 1962 para conseguir reeleger-se deputado federal. Goulart indicou um petebista, San Tiago Dantas, mas as bancadas da UDN e do PSD se opuseram. Os operários ameaçaram entrar em greve em represália, mas San Tiago Dantas teve seu nome recusado pela Câmara dos Deputados. Jango, então, indicou o senador pessedista, Auro de Moura Andrade, e os operários ficaram ainda mais irritados e ameaçaram uma greve geral. Por fim, o deputado gaúcho Brochado da Rocha foi aceito. Essas idas e vindas davam a impressão de que o sistema parlamentarista era inviável. Quando Brochado assumiu, afirmou que buscaria antecipar o plebiscito para dezembro de 1962 (a emenda que instituiu o parlamentarismo dizia que a consulta se realizaria nove meses antes do término do mandato de Goulart). Era o que Jango queria. A diretriz acabou sendo acatada, até porque, em agosto, os ministros militares passaram a apoiar a antecipação. Conforme disse o ministro da Guerra, general Nélson de Melo, seria

> da mais alta oportunidade que a nação compareça às urnas para a realização do plebiscito previsto no ato adicional [já que] a transformação radical do regime feita em setembro do ano passado serviria para alimentar a crise, se continuar este novo Congresso, na base de um sistema de governo de cuja adoção o povo não participou.

Para Melo, "só a manifestação da vontade popular, livremente expressa nas urnas, proporcionará a estabilidade política-institucional necessária ao trabalho construtivo em favor da integridade da pátria".

Mas nada era tranquilo naquela época. Em setembro, Brochado da Rocha acabou renunciando porque não conseguiu que o Congresso aprovasse a proposta de antecipação do plebiscito. O Congresso só o fez mediante pressão dos operários, que decretaram uma greve geral. Afinal, o plebiscito foi marcado para o dia 6 de janeiro de 1963.

Cinco dias antes, Jango concedeu aumento médio de 75% do salário mínimo, quase repetindo a façanha que o tornara famoso quando ministro do Trabalho de Getúlio Vargas, ocasião em que concedeu aumento de 100%. O apoio dos trabalhadores ao retorno do presidencialismo estava garantido. No dia do plebiscito, mais de 11 milhões de pessoas votaram. O presidencialismo ganhou com 9.457.448 votos, contra apenas 2.073.582 dados ao parlamentarismo. Foi uma confirmação da legitimidade do mandato de Goulart. Ele se sentiu inteiramente fortalecido.

Guerra Fria

O anticomunismo das Forças Armadas e outros setores da sociedade brasileira inseria-se no contexto da chamada "Guerra Fria", mas vinha de muito antes, pelo menos desde 1935, em função da fracassada tentativa de tomada do poder que ficaria conhecida como "Intentona Comunista". A revolta de 1935 foi um levante armado por meio do qual os comunistas tentaram derrubar o governo de Getúlio Vargas. Houve agitações militares em Natal, no Recife e no Rio de Janeiro, mas o governo logo conseguiu debelar o movimento – com bastante violência. O importante a destacar é que, a partir daí, houve grande repressão contra os comunistas e a "Intentona" tornou-se símbolo do anticomunismo. Em 1935, inaugurou-se no Brasil a prática da tortura contra inimigos políticos. Desde então, os militares usariam os episódios daquele ano para fazer propaganda anticomunista. Na verdade, as comemorações do Exército sobre a derrota dos levantes de 1935 mantiveram-se até o governo de Fernando Henrique Cardoso, assim como a celebração do golpe de 1964 só foi desautorizada recentemente, durante o governo de Dilma Rousseff.

No contexto internacional, desde o fim da Segunda Guerra Mundial, o Brasil deixou de ter maior significado geopolítico para os Estados Unidos. Nosso país manteve alguma importância para o governo norte-americano até novembro de 1942, quando forças anglo-americanas ocuparam o norte da

África: havia, até então, a possibilidade de invasão do território brasileiro. O governo dos Estados Unidos tinha a necessidade de usar bases aéreas no Nordeste, o que era feito graças a um acordo entre os dois países. Mesmo depois de 1942, essas bases continuaram importantes em função das rotas do Atlântico Sul, do Oriente Médio e da África.

A participação do Brasil na Segunda Guerra Mundial teve uma dimensão simbólica, não resultando propriamente de uma necessidade militar. Os Estados Unidos puderam consolidar sua preponderância no continente e o Brasil tornou-se grande comprador de armas norte-americanas. Foi durante a participação do Brasil na guerra que o futuro marechal Castelo Branco, primeiro presidente do regime militar, tornou-se amigo do oficial norte-americano Vernon A. Walters, que atuava como elemento de ligação entre a Força Expedicionária Brasileira e o V Exército dos Estados Unidos da América. Walters seria o adido militar dos Estados Unidos no Brasil durante o golpe de 1964 e teria importante papel em sua deflagração.

Após o término da Segunda Guerra Mundial, o governo brasileiro julgou merecer um tratamento especial do "grande irmão do Norte". Conseguiu, no máximo, apoio técnico para a elaboração de projetos que deveriam ser encaminhados a agências internacionais, como o Fundo Monetário Nacional (FMI), o Banco Mundial e o Banco de Exportação e Importação dos Estados Unidos (Eximbank). Não haveria, para a América Latina, nada parecido com o Plano Marshall, o Programa de Recuperação Europeu proposto pelo secretário de Estado, George Marshall, em 1947, que financiou a reconstrução da Europa com a ajuda econômica dos Estados Unidos, entre 1948 e 1951, no valor de US$ 13 bilhões.

Mesmo as vendas de armas eram vistas pelos norte-americanos como desimportantes: teriam um caráter político, mais do que estratégico, pois era patente que nenhum país latino-americano poderia ter participação decisiva em um eventual confronto entre EUA e URSS. Mas as vendas aumentaram após o ataque da Coreia do Norte (comunista) à do Sul, em 1950, que surpreendeu os Estados Unidos, abalou a opinião pública e deu início à Guerra da Coreia. Ainda assim, presidentes diferentes, como o republicano Dwight D. Eisenhower (1953-61) e o democrata John Kennedy (1961-63), compartilhavam a ideia de que as relações militares com a América Latina não eram fundamentais.

Isso mudaria no final dos anos 1950. Em 1958, o vice-presidente Richard Nixon fez uma visita a países latino-americanos e foi muito mal recebido. Mais importante, o início dos conflitos em Cuba, que culminariam na derrota do ditador Fulgencio Batista por Fidel Castro, chamaria a atenção do governo norte-americano para a região. O presidente brasileiro, Juscelino Kubitschek, lançou, em 1958, a Operação Pan-americana, reclamando, uma vez mais, maior atenção dos Estados Unidos para os parceiros do sul do continente. A implantação do regime socialista em Cuba, em 1961, fez com que o governo norte-americano mudasse definitivamente de posição. Duas diretrizes algo conflitantes se consolidaram: os Estados Unidos buscariam apoiar economicamente a América Latina tendo em vista a diminuição da pobreza (vista como causa das aspirações socialistas) e a melhoria de sua imagem, mas não admitiriam a implantação de "outra Cuba", mesmo que fosse preciso adotar ações unilaterais e invasões. O fortalecimento de governos militares na região também seria visto como admissível e desejável, tendo em vista o combate ao comunismo.

Ainda durante o governo de Eisenhower, iniciaram-se as *civic actions*, por meio das quais as forças militares passaram a fazer trabalhos de engenharia, transportes, saneamento etc. Eram estratégias conhecidas como "contrainsurgência" e se consolidaram no governo Kennedy, temeroso de que guerrilhas revolucionárias pipocassem na América Latina. Do mesmo modo, muitos militares latino-americanos foram treinados pelas Forças Armadas norte-americanas.

A principal iniciativa dos Estados Unidos para a América Latina viria em 1961, com o lançamento da Aliança para o Progresso. Segundo Kennedy,

(...) se formos bem-sucedidos, se nosso empenho for arrojado o suficiente e determinado o suficiente, então o final desta década será marcado pelo início de uma nova era na experiência americana. Os padrões de vida de cada família americana estarão no auge, a educação básica estará disponível para todos, a fome será uma experiência esquecida, a necessidade de ajuda externa maciça terá passado, muitas nações terão entrado em um período de crescimento autossustentável e mesmo que ainda haja muito a fazer, cada república americana será a mestra de sua própria revolução.

A Aliança para o Progresso era, essencialmente, um programa de ajuda financeira, mas tinha uma moldura ideológica que a comprometeu. Seu principal objetivo era o combate ao comunismo e isso despertou grandes desconfianças nos países latino-americanos. Além disso, o desconhecimento da região levou o governo norte-americano a cometer muitos equívocos: várias iniciativas da Aliança para o Progresso pareciam (e eram) mera propaganda. No caso brasileiro, por exemplo, a aliança buscou apoiar a Sudene, mas, segundo relato de Celso

Furtado, que a presidia em 1961, o objetivo principal era causar impacto na opinião pública. Todos os projetos deveriam ter, bem visível, a marca "Aliança para o Progresso", como lembra Furtado em sua biografia:

> Surpreendeu-me que os membros da missão (...), que certamente haviam sido amplamente assessorados por agentes da CIA, não compreendessem quão contraproducente seria encher o Nordeste de tabuletas da Aliança para o Progresso, alardeando pequenas obras de fachada (...) As autoridades norte-americanas se consideravam com o direito de contrapor-se e sobrepor-se às autoridades brasileiras (...) para alcançar seu objetivo de "deter a subversão no hemisfério".

Em 1963, Celso Furtado foi convidado a integrar o Comitê Interamericano da Aliança para o Progresso (Ciap), que deveria substituir a direção até então feita pela U.S. Agency for International Development (Usaid). O órgão, entretanto, não conseguiu se impor e os erros prosseguiram. Curiosamente, a participação de Celso Furtado no comitê trouxe-lhe um benefício inesperado: ele foi um dos primeiros atingidos pelas listas de pessoas punidas com a suspensão dos direitos políticos logo após o golpe de 1964 e, graças ao passaporte diplomático que obtivera por sua participação no Ciap, conseguiu fugir do Brasil "legalmente".

Outra iniciativa dos Estados Unidos foram os *Peace Corps*, um "exército" de jovens voluntários americanos que prestavam serviços em países pobres. Vários vieram para o Brasil, a maioria trabalhando na área rural em projetos voltados, sobretudo, para habitação, educação e saúde, mas todos com um perfil bastante paternalista e impositivo. Em 1966, seriam gastos US$ 5,7 milhões com os Corpos da Paz.

Essas iniciativas de Kennedy não passavam de uma tentativa de controle da América Latina no contexto da Guerra Fria. Após seu assassinato, em novembro de 1963, seu sucessor, Lyndon B. Johnson (1963-69), manteve a Aliança para o Progresso e sua moldura doutrinária anti-insurrecional.

A decisão dos Estados Unidos de não aceitar "outra Cuba" na América Latina tornou a região uma espécie de palco secundário da Guerra Fria. A Guerra do Vietnã, especialmente a partir de 1965, continuaria a ser a preocupação central do governo norte-americano, mas Johnson teve de lidar com algumas crises no continente, como a do Panamá, em janeiro de 1964 (conflitos entre panamenhos e americanos residentes na zona do Canal do Panamá), o golpe no Brasil no mesmo ano e a invasão da República Dominicana no ano seguinte (a qual contou com o apoio do governo de Castelo Branco, que enviou tropas brasileiras).

O governo de Johnson ficaria conhecido por sua leniência em relação aos regimes militares. Thomas C. Mann, o homem que escolheu para coordenar a Aliança para o Progresso, era também o seu secretário assistente para Assuntos Interamericanos e assistente especial do presidente para a América Latina. Mann lançou a tese segundo a qual os Estados Unidos não deveriam questionar os regimes militares anticomunistas da América Latina, mesmo que autoritários. A "Doutrina Mann" seria acusada de apoiar ditaduras, especialmente depois do golpe de 1964 no Brasil.

Os Estados Unidos, desse modo, tinham uma avaliação dúbia sobre o Brasil e, em decorrência, políticas voláteis para nosso país. Durante certo momento, especialmente nos governos Kennedy e Johnson, avaliaram que era inevitável impedir agitações esquerdistas ou revolucionárias no Brasil e, por isso, foi determinada a "Operação *Brother Sam*" para apoiar militarmente o golpe de 1964, bem como uma significativa ajuda financeira durante o governo de Castelo Branco. Mas a opinião pública e o Congresso norte-americano viam com reservas o apoio a ditaduras na América Latina, o que fez com que o sucessor de Johnson, Richard Nixon (1969-74), buscasse menor comprometimento, que, aliás, não conseguiu. Por um bom tempo, seria impossível prescindir de relações amigáveis com o país, mesmo que, internamente ao governo norte-americano, o Brasil fosse visto com menosprezo. Para os assessores do poderoso secretário de Estado de Nixon, Henri Kissinger, "é possível, como Clemenceau advertiu mais de cinquenta anos atrás, que o Brasil seja sempre o país do futuro". As autoridades norte-americanas tinham certeza de que o país não sairia de sua órbita de influência: "o Brasil permanecerá pró-Ocidente nas questões leste-oeste. O significado estratégico do país tem diminuído desde a Segunda Guerra Mundial".

Portanto, pode-se dizer que a tentativa de desestabilizar o governo Goulart e o apoio à sua derrubada por meio da "Operação *Brother Sam*" corresponderam ao período de maior preocupação norte-americana com a inserção do Brasil no contexto da Guerra Fria. Foi um período curto, mas as ações norte-americanas determinaram a imagem negativa que o "grande irmão do Norte" consolidou na América Latina, especialmente por causa das ações arbitrárias contra Cuba, das políticas intervencionistas e do apoio a regimes militares.

Desestabilização e conspiração

Grupos nacionais, com o apoio dos Estados Unidos, patrocinaram, entre 1961 e 1964, uma grande campanha contra o presidente João Goulart que envolveu muito dinheiro e extensiva atividade de propaganda. Alguns analistas importantes veem uma continuidade quase natural entre a campanha de desestabilização e a conspiração pela derrubada de Goulart. Para eles, o golpe de 1964 decorreu da falta de votos das forças políticas contrárias a Goulart. Assim, o golpe seria o único caminho viável para a conquista do poder.

Creio, no entanto, que é possível distinguir as duas coisas: a campanha de desestabilização e a conspiração para a derrubada de Goulart. De fato, existe farta comprovação documental sobre a campanha de desestabilização, que começou em 1961, mas se avolumou em 1962 e 1963. No entanto, não há evidências de que todos os envolvidos, desde o início, planejassem a derrubada de Goulart. Queriam enfraquecê-lo, tendo em vista as eleições gerais de 1962 e a campanha eleitoral que levaria à escolha do novo presidente em 1965. A conspiração pela sua derrubada, pode-se afirmar com segurança, começou em 1963. Isso nos ajuda a entender o papel dos diversos atores envolvidos: no caso da campanha de desestabilização, não foi muito grande a atuação dos militares. No que se refere à conspiração, hoje sabemos que diversas "ilhas de conspiração" militares espalhavam-se pelo Brasil, ainda que sem maior coordenação. A desestabilização foi muito organizada; a conspiração que levou ao golpe foi difusa e resultou em ação militar que se desencadeou sem o conhecimento dos principais chefes militares.

Para homens como Roberto Campos, que estava à frente da embaixada do Brasil em Washington em 1964, Goulart não tinha mais condições de governar o Brasil. Em janeiro, pouco antes do golpe, ele revelou indiscretamente ao governo norte-americano que a principal preocupação de muitos [no Brasil] era aguentar o restante do atual mandato presidencial e uma sucessão presidencial ordenada. Esta última torna-se crescentemente provável conforme a campanha presidencial fique mais ativa. As chances de atravessar o período restante (...) já estão melhorando devido ao fato de que as manobras da campanha presidencial começaram.

Essa era uma das opções: impedir manobras continuístas e tornar Goulart um "eleitor fraco".

Como disse, a tentativa de desestabilização intensificou-se em 1962. Haveria eleições no Brasil e os candidatos que faziam oposição a Goulart receberam bastante dinheiro para suas campanhas. O embaixador norte-americano, anos depois, admitiu ter liberado US$ 5 milhões. Além dos dólares enviados em 1962, o governo norte-americano passou a fornecer recursos diretamente aos governadores que faziam oposição ao governo Goulart. Seus estados eram chamados, pelo embaixador norte-americano, Lincoln Gordon (1961-66), de "ilhas de sanidade administrativa", avaliação positiva com a qual Gordon tentava justificar a iniciativa irregular de o governo dos Estados Unidos repassar recursos diretamente aos estados brasileiros sem a intermediação do governo federal. Para os governadores da Guanabara (atual cidade do Rio de Janeiro), Carlos Lacerda, de Minas Gerais, Magalhães Pinto, e de São Paulo, Adhemar de Barros, muitos empréstimos; para os oposicionistas Leonel Brizola (Rio Grande do Sul) e Miguel Arraes (Pernambuco), era preciso evitar qualquer ação que pudesse fortalecer seu prestígio – dizia Gordon.

O governador da Guanabara, Carlos Lacerda, contava com muito prestígio no governo norte-americano, que avaliava seu mandato como "firme e francamente a favor da Aliança para o Progresso". Segundo Mann, a Guanabara "foi uma das primeiras 'ilhas de sanidade' sobre as quais a estratégia de ajuda dos Estados Unidos baseou-se nos últimos dias do regime de Goulart". Lacerda era admirado por muitos militares. Seu discurso anticomunista e anticorrupção conquistava muitos eleitores da classe média, civis e militares. Era cotado como candidato potencial à Presidência da República em 1965. Participou ativamente da campanha de desestabilização de Goulart, mas não foi informado dos detalhes da conspiração para a derrubada do presidente, porque muitos temiam sua indiscrição. Ele era capaz de gestos e discursos que inflamavam o público e hipnotizavam a imprensa. Desentendeu-se com Costa e Silva, quando da escolha de Castelo Branco como candidato a presidente da República, e acabaria punido em 1968, tendo seus direitos políticos suspensos por causa das críticas que fazia à "revolução".

A campanha de desestabilização estendeu-se até as vésperas do golpe de 1964. No dia 20 de março, o United States Information Service (Usis) terminou um relatório planejando gastos de mais de US$ 500 mil com atividades de propaganda em rádio, imprensa escrita e unidades móveis de exibição de filmes, entre outras. Contabilizando-se também os gastos com publicações de livros, ensino de inglês e programas de intercâmbio, chega-se ao valor de US$ 2 milhões apenas para 1964.

O material de propaganda era volumoso e enviado para as autoridades brasileiras. Os recursos, sofisticados, como os equipamentos para exibição de filmes. Em 1963, foram feitas 1.706 exibições para 179 mil militares somente no Rio de Janeiro. Autoridades brasileiras recebiam recursos para viajar aos Estados Unidos. Em 1963, 15 deputados federais e 10 governadores foram beneficiados com um total de US$ 75 mil para essas viagens. Os então jovens deputados Mário Covas, do PST (Partido Social Trabalhista), e José Sarney, da UDN, foram alguns dos beneficiados. Segundo Robert Bentley, terceiro-secretário da embaixada norte-americana na época do golpe, nunca mais haveria semelhante abundância de recursos. Jornalistas e professores universitários também eram beneficiados com essas tentativas de aliciamento.

Duas associações de empresários se destacavam nessas iniciativas de desestabilização: o Instituto de Pesquisas e Estudos Sociais (Ipes) e o Instituto Brasileiro de Ação Democrática (Ibad). O Ibad teve intensa atuação como repassador de recursos para os candidatos que, nas eleições gerais de 1962, se posicionavam contra Jango. A entidade foi criada ainda em 1959 por empresários descontentes com o governo de Juscelino Kubitschek. Tinha perfil marcadamente anticomunista. Seu objetivo era intervir diretamente na vida política. A posse de Goulart evidentemente acirrou os ânimos dos ibadianos que, por isso mesmo, investiram muitos recursos, em 1962, no financiamento de candidatos afinados com seus princípios. Foi esse instituto que serviu para repassar os recursos norte-americanos. O Ibad contava com entidades subsidiárias, como a agência de propaganda Incrementadora de Vendas Promotion e a Ação Democrática Popular (Adep), que atuou fortemente na campanha de 1962. Tomou iniciativas ousadas, como o aluguel do jornal *A Noite* que, de uma hora para outra, deixou de apoiar o Partido Trabalhista Brasileiro (PTB) – como fazia tradicionalmente – para patrocinar candidaturas apoiadas pela Adep. Sua atuação foi escandalosa e deu origem a uma Comissão Parlamentar de Inquérito (CPI). Muitos depoimentos comprometeram a entidade. O presidente Goulart determinou a suspensão do seu funcionamento enquanto a Justiça procedia a investigações. Por fim, em função de suas atividades ilícitas, o Ibad e a Adep foram extintos.

O Ipes foi criado no final de 1961 e iniciou suas atividades no início de 1962. Contava com grupos de empresários e simpatizantes mais fortes no Rio de Janeiro e em São Paulo. Promoveu elaborada campanha de propaganda contra Jango, associando-o ao comunismo. Palestras, cursos e distribuição de publicações estavam entre suas atividades. Algumas das mais marcantes foram os filmes que produziu. Seus títulos dão uma boa ideia do perfil do instituto: *Nordeste, problema n. 1*, *Uma economia estrangulada*, *Deixem o estudante estudar*, *Criando homens livres* e assim por diante. O Ipes articulou-se com outros movimentos de oposição a Jango e às reformas de base, como a Campanha da Mulher pela Democracia (Camde) e a Confederação Brasileira de Trabalhadores Cristãos. Tinha ligações profundas com a Associação de Diplomados da Escola Superior de Guerra. O Ipes também foi investigado pela CPI do Congresso Nacional, mas conseguiu se livrar de acusações mais graves porque dirigia suas atividades sobretudo para a propaganda. Durante o governo de Castelo Branco, foi reconhecido como "órgão de utilidade pública". Vários de seus integrantes ocupariam funções importantes nos governos militares, destacando-se, entre eles, o general Golbery do Couto e Silva, que criaria o Serviço Nacional de Informações (SNI) a partir de fichas que reuniu sobre milhares de pessoas quando atuou no instituto. No início dos anos 1970, o Ipes encerraria suas atividades.

Em um livro clássico, um dos principais analistas do golpe – o já falecido cientista político René Armand Dreifuss – defendeu originalmente a tese de que 1964 não foi um golpe das Forças Armadas, mas o resultado de um amplo movimento civil-militar. Ele estudou detidamente a ação do Ibad e do Ipes. A tese de Dreifuss é importante: ela demonstra a participação decisiva dos empresários. Mas não devemos superestimar a capacidade dessas instituições e de sua ação propagandística. Os resultados das eleições de 1962, por exemplo, não foram os que elas esperavam. Do mesmo modo, como vimos, a popularidade de Jango não foi afetada. Há muita diferença entre as intenções daqueles que fazem propaganda e a maneira pela qual as mensagens são recebidas pelos diversos grupos sociais. A doutrinação anticomunista existia no Brasil havia muito tempo e se somava à tendência antipopular típica, por exemplo, de setores da classe média.

Conforme a crise política foi se acirrando, sobretudo a partir de 1963, essas entidades foram sendo superadas por efetivos planos de derrubada de Goulart, para os quais era indispensável a participação mais efetiva dos militares. É nesse sentido que me parece ser possível distinguir a campanha de desestabilização – fundada, sobretudo, em propaganda e doutrinação anticomunista e anti-Goulart – da conspiração propriamente dita, que, tendo em vista a deposição do presidente, dependia de medidas de força e, sobretudo, dos militares.

A conspiração militar carecia de coordenação. Muitos grupos militares contrários a Goulart espalhavam-se pelo país, mas estavam isolados entre si ou mantinham contatos assistemáticos. A partir de 1963, as iniciativas mais ousadas de Goulart serviriam como pretexto para que algumas lideranças militares buscassem a articulação que possibilitasse ação conjunta organizada. O general Castelo Branco, que seria escolhido o primeiro presidente militar, tornando-se marechal da reserva, teria papel importante nesse sentido.

Jango altera-se

Goulart passaria a viver um novo momento depois do sucesso no plebiscito em janeiro de 1963 que derrotou o parlamentarismo e deu-lhe os plenos poderes da Presidência da República. A vitória retumbante do presidencialismo deveu-se ao apoio de muitos setores, inclusive de forças que se opunham a Jango, mas ele pôde interpretá-la como uma conquista pessoal.

No final de 1962, os ministros do Planejamento e da Fazenda, Celso Frutado e San Tiago Dantas, haviam lançado diretrizes econômicas, batizadas de "Plano Trienal", que adotavam algumas estratégias clássicas de saneamento financeiro, mas também definiam objetivos de desenvolvimento econômico, transparecendo certa contradição. Desagradou a todos e, muito especialmente, aos aliados de Goulart que defendiam as "reformas de base".

Essas reformas eram bastante indefinidas. Constituíam-se em metas que, de algum modo, incorporavam ao ideário trabalhista os objetivos estabelecidos pelo Partido Comunista Brasileiro (PCB) ainda nos anos 1950. Buscariam fomentar o desenvolvimento capitalista no Brasil tendo em vista uma pretendida "revolução nacional e democrática", conforme o jargão comunista. Mas, no governo Goulart, elas assumiram uma conotação menos revolucionária e mais nacionalista. Eram vagas, serviam mais ao proselitismo político. Entretanto, segundo o historiador Jacob Gorender, a luta pelas reformas de base foi a causa da grande dinamização social que o país experimentou entre 1963 e 1964, "uma situação pré-revolucionária". Tratava-se da demanda, sempre mobilizadora, de que é preciso "mudar tudo que aí está".

Comunistas e nacionalistas de esquerda, a partir da vitória do plebiscito, tentaram obter de Goulart uma definição clara em favor das reformas, pois Jango parecia titubear, não abraçando, em definitivo, as posições da esquerda. Em agosto de 1963, durante as comemorações pelo aniversário da morte de Getúlio Vargas, Goulart reconheceu a justeza da luta pelas reformas:

> Nada mais justo, nesta hora, que os trabalhadores comparecerem a uma homenagem para dizer também ao presidente da República que desejam com urgência que sejam transportadas para a realidade as reformas de base. Especialmente a reforma agrária que constitui uma das aspirações mais legítimas, não apenas dos trabalhadores, mas de toda a nação brasileira (...) Ao lado da reforma agrária que se impõe como imperativo para a tranquilidade do país, reclama igualmente a classe operária a reforma bancária, pois o crédito é patrimônio da nação e não poderia estar à mercê de interesses de grupos.

O clima político radicalizava-se. Em maio, Brizola havia feito um discurso violento contra o general Antônio Carlos Murici, no Rio Grande do Norte, chamando-o de "gorila". O episódio gerou muita controvérsia e fez com que o comandante do IV Exército (sediado em Recife), general Castelo Branco, pedisse a Goulart que tomasse providências, impedindo Brizola de repetir os ataques. Castelo assumiria a chefia do Estado-Maior do Exército três meses depois. Pouco antes do discurso no qual Goulart reconhecia a legitimidade das reformas de base, o senador mineiro pela UDN, Milton Campos, teve seu projeto de reforma agrária rejeitado no Congresso Nacional. Se o Congresso não aprovava um projeto moderado, que dizer de propostas mais ousadas? Em outubro, o projeto do PTB sobre o mesmo tema também seria recusado, configurando o que o cientista político Wanderley Guilherme dos Santos chamou de "paralisia decisória", isto é, uma espécie de colapso do sistema político que se torna incapaz de decidir.

Goulart reagiria mal a essa situação. Ele passou a insinuar a necessidade de "forçar o Congresso a se curvar à realidade". No já referido comício em homenagem a Vargas, ele havia dito que existia o risco de as reformas serem feitas "à margem da lei, pela vontade e pela disposição do povo". Seus assessores, por outro lado, asseguravam que Jango contava com apoio militar em níveis jamais obtidos por qualquer outro presidente. Brizola alardeava nos jornais que poderia haver um golpe da direita ou da esquerda. Estaria Goulart planejando impor as reformas independentemente do Congresso Nacional por meio de um golpe de Estado?

Outra frente de agitação e crise política provinha da demanda de suboficiais, sargentos e cabos que pleiteavam o direito de serem eleitos. Eles se contrapunham à Constituição que estabelecia tal proibição (em trecho relativamente dúbio): "não podem alistar-se eleitores as praças de pré, salvo os aspirantes a oficial, os suboficiais, os subtenentes, os sargentos e os alunos das escolas militares de ensino superior". Os sargentos haviam apoiado a posse de Goulart em 1961 e defendiam as reformas de base. Nas eleições de 1962, três sargentos foram eleitos, apesar do impedimento constitucional. Pela Guanabara, o sargento Antônio Garcia Filho pôde tomar posse como deputado federal, mas os sargentos Aimoré Zoch Cavalheiro e Edgar Nogueira Borges, eleitos, respectivamente, deputado estadual e vereador no Rio Grande do Sul e em São Paulo, foram impedidos. Em maio de 1963, mil graduados promoveram uma manifestação no Rio de Janeiro durante a qual o subtenente Gelci Rodrigues Correia fez ameaças. Disse que eles poderiam lançar mão de seus "instrumentos de trabalho" (as armas) para exigir as reformas de base. Acabou punido pelo ministro da Guerra com 30 dias de prisão.

O sargento Aimoré, do Rio Grande do Sul, teve sua posse impedida pelo Tribunal Regional Eleitoral gaúcho e, em 11 de setembro, o Supremo Tribunal Federal (STF) referendou a decisão. A medida gerou uma rebelião. Centenas de graduados da Aeronáutica e da Marinha ocuparam prédios públicos em Brasília, cortaram as comunicações da capital com o restante do país, prenderam oficiais e chegaram mesmo a deter o ministro do STF, Vítor Nunes Leal, na base aérea, assim como o presidente em exercício da Câmara dos Deputados, Clóvis Mota, que ficou confinado no prédio do Departamento Federal de Segurança Pública. O movimento foi controlado no dia seguinte pelo Exército. 536 pessoas foram presas. A rebelião fragilizou Goulart, até porque parlamentares que sustentavam o presidente levaram seu apoio aos revoltosos. Jango disse que manteria a ordem, mas tornou pública sua posição favorável à tese dos sargentos, enchendo de revolta a alta hierarquia das Forças Armadas – que começou a falar em quebra da disciplina e da hierarquia.

Tudo iria piorar muito. No final de setembro, Carlos Lacerda, governador da Guanabara e ferrenho opositor de Goulart, deu uma entrevista bombástica ao correspondente do *Los Angeles Times*, Julian Hartt, que se deslocou especialmente para isso até Rocio, na "Estância do Alecrim", casa de Lacerda nas cercanias de Petrópolis, no Rio de Janeiro. O material foi divulgado em artigos que foram publicados nos dias 29 e 30 de setembro de 1963 com o dramático título de *"Governor Sees Goulart Fall, Urges U.S. to Withhold Aid Funds"* ("Governador vê queda de Goulart e exorta EUA a reter fundos de ajuda"). Lacerda disse a Hartt que não estava dando entrevistas à imprensa brasileira, mas queria dirigir-se ao povo dos Estados Unidos da América porque sempre recebia cartas de norte-americanos – mais de mil nas últimas semanas, segundo assegurou. Garantiu que o governo brasileiro estava nas mãos de comunistas, disse que a reforma agrária era prematura porque os trabalhadores brasileiros ainda não estavam preparados para usar corretamente a terra e que os militares estavam em dúvida entre tutelar o presidente – mantendo-o sob controle até o final do mandato –, ou acabar com ele de uma vez. "Eu não acho que isso dure até o final do ano", concluiu.

A entrevista caiu como uma bomba no Brasil. Em nota conjunta, os três ministros militares de Goulart condenaram o governador como "mau brasileiro". Para eles, Lacerda apresentava o Brasil como uma "republiqueta subcolonial, mendigando esmolas, e nosso povo, um povo desfibrado, incapaz de orientar-se sem tutelas estrangeiras". Lacerda respondeu garantindo que a entrevista não tinha caráter golpista e que apenas dissera que "esse estado de coisas" não duraria até o fim do ano, não o mandato do presidente. Goulart não dormiu desde que soube da entrevista e decidiu enfrentar a "conspiração". Determinou que o Conselho de Segurança Nacional examinasse o caso.

O presidente acabou tomando uma decisão infeliz. Amparando-se em exposição de motivos encaminhada por seus ministros militares, solicitou ao Congresso Nacional, no dia 4 de outubro, a decretação do estado de sítio. Era algo despropositado, pois não havia a "comoção intestina grave" que a Constituição estabelecia como razão para o estado de sítio. Aliados de Goulart pediram que o presidente retirasse o pedido. O jovem presidente da União Nacional dos Estudantes (UNE), José Serra, foi convidado por Brizola a apresentar a Goulart os motivos pelos quais considerava inadequado o pedido. Serra saiu dessa reunião convencido de que Goulart tinha propósitos golpistas, mas que seu governo não iria durar. Três dias depois de enviar a solicitação ao Congresso, Jango a retirou, voltando atrás e desmoralizando-se.

O título deste tópico, "Jango altera-se", não foi escolhido por acaso. Depois de anos e anos fazendo entrevistas, lendo e relendo documentos e livros, consolidei impressão que é um pouco difusa, difícil de comprovar por meio de evidências empíricas, mas sobre a qual não tenho dúvidas: a partir do plebiscito e depois dos eventos de 1963, Jango viu-se tomado por uma dessas perturbações do espírito que acometem, eventualmente, os que se encontram mergulhados em um turbilhão de acontecimentos impactantes, sobre os quais têm de tomar decisões rápidas e em relação aos quais não têm muito controle – nem firmadas convicções. O ambiente político era confuso. Ele contava com apoio popular, seus ministros militares concordaram em pedir o estado de sítio, mas, no fundo, Goulart sabia que não contava com efetivo controle sobre o Exército. Às pressões da direita – como a que se expressou na entrevista de Lacerda – somavam-se as da esquerda, que não confiava plenamente no presidente. Brizola, por exemplo, ao invés de se mostrar um efetivo aliado, promovia iniciativas que contribuíam, ainda mais, para o acirramento de posições, tal como o fez com a proposta dos "Grupos dos Onze", inspirados na configuração de um time de futebol, de fácil compreensão popular. Os grupos deveriam "organizar-se em defesa das conquistas democráticas de nosso povo e fazer resistência a qualquer tentativa de golpe, venha de onde vier" — dizia o então deputado federal. Conforme as orientações que Brizola lançou em novembro de 1963, os grupos dos onze deveriam agregar todas as forças da esquerda que, naquele momento, multiplicavam-se. Seria preciso, encorajava,

> articular e reunir imensos contingentes do povo brasileiro às organizações existentes, ou seja a FMP (Frente de Mobilização Popular), CGT (Comando Geral dos Trabalhadores), sindicatos, UNE (União Nacional do Estudantes) e suas organizações, FPN (Frente Parlamentar Nacionalista), Organização dos Sem-terras e Ligas Camponesas, entre os partidos políticos, o PTB e o PSB e outras organizações populares, locais ou regionais, dentro do objetivo de consolidar e cimentar a unidade das forças populares e progressistas de nacionalistas, civis e militares, de todos os getulistas e trabalhistas que se consideram convocados pela carta de Vargas.

Jango fatigava-se. Não fora candidato à Presidência da República, chegou a essa posição por acaso, em função da atitude inopinada de Jânio Quadros. Era um homem de fracas convicções, tendendo à moderação e ao diálogo, mas instavam-no a se decidir, a assumir atitudes fortes. Posições dúbias eram defendidas, como a da Frente Parlamentar Nacionalista que, em janeiro de 1964, dizia:

> sempre nos opusemos ao rompimento com o sr. João Goulart, preconizado pelos nossos "pequenos burgueses enfurecidos",

embora criticando-o com a severidade habitual de nossos julgamentos. E sempre combatemos o sectarismo em nosso meio, fruto da incompreensão do caráter da revolução brasileira, e o seu irmão siamês, o radicalismo exacerbado dos partidários das "teses chinesas" do "oito ou oitenta" e do "já rapidamente já".

Que queriam, afinal?
Jango decidiu-se em favor de uma estratégia desastrada. Faria vários comícios, Brasil afora, levando a mensagem das reformas de base a fim de pressionar o Congresso Nacional. Essa é a origem do famoso Comício da Central, de 13 de março de 1964, programado para ser o primeiro de vários, mas que, como sabemos hoje, foi determinante para sua queda. Um dos panfletos de convocação da "concentração popular" dizia que "os trabalhadores e o povo em geral demonstrarão (...) que estão decididos a participar, ativamente, das soluções para os problemas nacionais e manifestarão sua inabalável disposição a favor das reformas de base (...) que querem ver concretizadas neste ano de 1964". E prosseguia mencionando a luta dos sargentos: "exigiremos também a extensão do direito de voto aos analfabetos, soldados, marinheiros e cabos, e elegibilidade para todos os eleitores, bem como a necessidade da imediata anistia a todos os civis e militares indiciados e processados por crimes políticos". Demonstrando sua familiaridade com o poder, o panfleto afirmava que a concentração popular aconteceria "no próximo dia 13 de março (sexta-feira), com início às 17:30 horas, na Praça da República (lado da Central do Brasil) e para a qual está convidado, e comparecerá, o senhor presidente da República". Era exatamente na Central do Brasil que ficava a sede do Ministério da Guerra.

A organização do comício ficou por conta das Forças Armadas, pois havia preocupação com a segurança do presidente. Quatro meses antes, o presidente Kennedy havia sido assassinado nos Estados Unidos. Vários líderes discursaram. Goulart chegou perto das 20 horas e foi ovacionado. Ouviu o discurso mais radical da noite, o de Leonel Brizola:

> Não podemos continuar nesta situação, o povo está exigindo uma saída. Mas o povo olha para um dos poderes da República que é o Congresso Nacional e ele diz não, porque é um poder controlado por uma maioria de latifundiários reacionários, privilegiados e de ibadianos. É um Congresso que não dará mais nada ao povo brasileiro; o atual Congresso não mais se identifica com as aspirações do povo brasileiro (...) E o Executivo? Os poderes da República, até agora, com suas perplexidades e seus antagonismos, não decidem. Por que não conferir a decisão ao povo brasileiro? Dirão que isto é ilegal, dirão que isto é subversivo, dirão que isto é inconstitucional. Por que, então, não resolvem a dúvida através de um plebiscito? Viram que o povo votará pela derrogação do atual Congresso, dirão que isto é continuísmo, mas já ouvi pessoalmente do presidente da República a sua palavra, assegurando que se não fosse decidida neste país a realização de eleições para uma Constituinte sem a participação dos grupos econômicos e da imprensa alienada, mas com o voto dos analfabetos, dos soldados e cabos, e com uma imprensa democratizada, ele, presidente, encerraria o seu mandato.

Brizola atacava o Congresso, mas, ao mesmo tempo, desafiava Jango. Goulart não fez um discurso radical, mas mencionou os problemas com o Congresso Nacional:

não receio ser chamado de subversivo pelo fato de proclamar – e tenho proclamado e continuarei proclamando nos recantos da pátria – a necessidade da revisão da Constituição. Há necessidade, trabalhadores, da revisão da Constituição da nossa República, que não atende mais aos anseios do povo e aos anseios do desenvolvimento desta nação. A Constituição atual, trabalhadores, é uma Constituição antiquada, porque legaliza uma estrutura socioeconômica já superada, uma estrutura injusta e desumana.

Anunciou um decreto que desapropriava terras às margens dos eixos rodoviários, leitos de ferrovias, açudes públicos federais e que tivessem sido beneficiadas com obras de saneamento da União, e outro que encampava refinarias particulares. Mencionou, também, a mensagem que enviaria ao Congresso Nacional propondo as reformas:

Dentro de 48 horas vou entregar à consideração do Congresso Nacional a mensagem presidencial deste ano. Nela, estão claramente expressas as intenções e os objetivos deste governo. Espero que os senhores congressistas, em seu patriotismo, compreendam o sentido social da ação governamental, que tem por finalidade acelerar o progresso deste país e assegurar aos brasileiros melhores condições de vida e trabalho, pelo caminho da paz e do entendimento, isto é, pelo caminho reformista, pacífico e democrático. Mas estaria faltando ao meu dever se não transmitisse, também, em nome do povo brasileiro, em nome destas cento e cinquenta ou duzentas mil pessoas que aqui estão, caloroso apelo ao Congresso Nacional para que venha ao encontro das reivindicações populares, para que, em seu patriotismo, sinta os anseios da nação, que quer abrir caminho, pacífica e democraticamente, para melhores dias.

Pode-se dizer que o comício foi um sucesso. Ao menos, pareceu ter sido assim tão logo terminou. Bem sabemos, hoje, retrospectivamente, que ele acirrou os ânimos dos conspiradores que, na "concentração popular", viram o pretexto que faltava para decretar a sorte de Jango. O presidente deixou a Central do Brasil extenuado. Amparado por sua mulher, Maria Tereza – a jovem e bela primeira-dama que acompanhou todo o discurso ao seu lado no palanque –, chegou com dificuldades ao carro que o levaria de volta ao Palácio Laranjeiras. O paletó amarrotado e a camisa sem um botão sequer denunciavam a proximidade popular, pois Goulart foi muito saudado quando deixou o comício sob o espocar de rojões e uma chuva de panfletos nos quais se lia "Jango-65". Era um homem muito doente. Seu cardiologista o havia orientado a não comparecer ao comício. Levava uma vida sedentária, fumava e bebia demais.

O comício aconteceu em 13 de março; sua deposição começaria em pouco mais de duas semanas, no dia 31. Anos atrás, quando o golpe de 1964 completou quarenta anos, escrevi uma avaliação sobre esses dias turbulentos. Ainda hoje ela me parece correta:

> No período que vai do comício até sua deposição, Goulart agiu como se tivesse uma consciência difusa de que passara dos limites, mas, num comportamento compreensível diante desse tipo de percepção tumultuosa, assumiu uma postura cada vez mais agressiva, como se pretendesse arrostar forças que já sabia superiores, talvez pretendendo encontrar, intuitivamente, uma saída honrosa e consequente, que lhe garantisse a permanência no poder através de um apoio popular espetacular ou lhe permitisse um futuro retorno à cena política. Jorge Serpa, que

esteve com Goulart logo após o comício, detectou essa tensão do presidente, impulsionada, inclusive, por sua mulher, Maria Teresa Goulart, que voltara "estranhamente impressionada com sua aparição ao lado de Goulart".

Os conspiradores não se detiveram em minúcias. Não procuraram distinguir as ponderações de Jango dos ataques de Brizola. Viram, apenas, a presença das massas clamando por reformas, agitando bandeiras comunistas com a foice e o martelo (que, diga-se, nem eram tão numerosas assim). Enfim, encontraram o pretexto que buscavam para a deposição de Goulart. O presidente, entretanto, facilitaria muito as coisas. Suas três últimas iniciativas foram catastróficas.

A primeira das três foi a mensagem ao Congresso Nacional, encaminhada dois dias depois do comício. Ela inicialmente foi escrita em termos duros por Darcy Ribeiro. Passou, entretanto, pelo crivo de Abgar Renault, poeta e ensaísta mineiro, modernista, amigo e admirador de Carlos Drummond e Pedro Nava. Renault conseguiu traduzir em termos delicados uma série de propostas ousadas. O texto foi lido pelo senador udenista pelo Rio Grande do Norte, Dinarte Mariz, no dia 15, à tarde, durante a reabertura dos trabalhos legislativos. Goulart apresentava-se como um paladino das transformações sociais:

> Consciente das distorções verificadas ao longo do nosso processo de transformação social e da necessidade imperiosa de reformas estruturais e institucionais, assumi a responsabilidade de comandar a luta pela renovação pacífica da sociedade brasileira, como encargo primeiro e responsabilidade mais alta da investidura com que me honrou a vontade dos meus concidadãos.

Afirmava, entretanto, que necessitava de maiores poderes, a fim de decidir sem a morosidade que caracterizava o Congresso Nacional, ofendendo a instituição à qual se dirigia:

à semelhança do que já fez a maioria das nações, impõe-se também ao Brasil suprimir o princípio da indelegabilidade dos poderes, cuja presença no texto constitucional só se deve aos arroubos de fidelidade dos ilustres constituintes de 1946 a preceitos liberais do século XVIII.

Sustentou, ainda, a proposta do plebiscito, que Brizola já havia mencionado no Comício da Central:

estudem a conveniência de realizar-se essa consulta popular para a apuração da vontade nacional, mediante o voto de todos os brasileiros maiores de 18 anos para o pronunciamento majoritário a respeito das reformas de base.

Em seu discurso de saudação, o presidente do Congresso Nacional foi duro. Disse que era indisfarçável a gravidade do momento: "Ninguém se sente seguro e todos olham ansiosamente para os dias vindouros". Deu garantias de colaboração a Goulart: "o presidente da República encontrará no Congresso, e particularmente em seu presidente, toda a compreensão, todo o apoio e toda a solidariedade que solicite dentro do que determina a Constituição do Brasil e do que nos exige a consciência de homens públicos". Entretanto, alertou Goulart sobre seus limites:

Se respeitardes as nossas leis, os nossos direitos; se defenderdes as nossas instituições e a nossa segurança; se promoverdes o nosso progresso e bem-estar; se assegurardes as nossas crenças e as nossas liberdades, podeis contar com todo o nosso apoio e toda a nossa dedicação. Senão, não! Para a democracia, o Congresso dá todo o apoio. Senão, não!

A mensagem presidencial, que tinha o propósito de esclarecer, afinal, o que eram as reformas de base, apenas serviu para lançar maiores suspeitas acerca dos desígnios de Goulart.

A segunda ação equivocada de Jango decorreu da chamada "Revolta dos Marinheiros". No dia 25 de março, quarta-feira, completar-se-iam dois anos de criação da Associação dos Marinheiros e Fuzileiros Navais, entidade que não contava com o reconhecimento da Marinha. Ela planejava comemorar a data na sede do Sindicato dos Metalúrgicos do Rio de Janeiro, mas o ato foi proibido pelo Ministério da Marinha. Ainda assim, milhares de marinheiros compareceram ao local, na rua Ana Neri, no bairro de São Cristóvão. As estimativas mais confiáveis falam em cerca de 3 mil marinheiros. Liderava o movimento José Anselmo dos Santos, eleito havia pouco presidente da nova associação. Era chamado "cabo" Anselmo, figura irrelevante em si, mas que despertaria muita curiosidade e polêmica no futuro porque se tornaria um agente duplo. José fez um discurso raivoso, redigido por Carlos Marighela e Joaquim Câmara Ferreira, à época, dirigentes do PCB. Também estava presente, como a enfeitar o ambiente, o mítico "almirante negro", isto é, João Cândido, então com 84 anos, que, em 1910, havia liderado a "Revolta da Chibata". Nada disse.

Os marinheiros decidiram ficar por ali, ocupando a sede do sindicato. Pediam o reconhecimento da associação, a melhoria das refeições quando embarcados e nos quartéis, e mudanças no rígido regimento disciplinar da Marinha. Queriam, ainda, que nenhum dos presentes fosse punido. Passaram a noite no sindicato. Marinheiros que não tinham conseguido entrar tentaram chegar ao prédio mas foram impedidos por oficiais. O ministro Sílvio Mota mandou fuzileiros para o local com a incumbência de prender os líderes do movimento. Entretanto, com o apoio de seu comandante, o contra-almirante Cândido Aragão, parte do corpo de fuzileiros aderiu ao movimento após um discurso do "cabo" Anselmo. Outra parte voltou para o quartel. O ministro destituiu Aragão do comando. Goulart tentou uma solução negociada para o conflito, mas titubeava. O presidente definiu-se, por fim, pelo envio de soldados da Vila Militar ao sindicato e pela substituição do ministro Mota. Assumiu o ministério o almirante Paulo Mário da Cunha Rodrigues, que não contava com o apoio da força por ser considerado de esquerda. Paulo Mário restituiu o comando de Aragão. O sindicato foi cercado pelas tropas do Exército e os marinheiros concordaram em ser levados para o Batalhão de Guardas do I Exército, nas cercanias, graças a negociações encaminhadas pelo ministro do Trabalho, Amauri Silva. Foram soltos à tarde. Percorreram alguns trechos da cidade e, ao chegarem ao Ministério da Marinha, viram o almirante Aragão e o carregaram nos ombros. A foto saiu estampada nos jornais do dia seguinte. Os demais almirantes ficaram revoltados. Oficiais do Exército manifestaram sua indignação contra a quebra da disciplina. O presidente decidiu passar o fim de semana em Brasília, satisfeito com a "solução" dada à crise.

Goulart voltou ao Rio no domingo, dia 29 de março. Diante daquela conjuntura, seria aconselhável que o presidente assumisse uma atitude cautelosa, mas o que ele fez foi confirmar sua presença, no dia seguinte, no Automóvel Club do Brasil, para prestigiar a festa pelos 40 anos da Associação dos Suboficiais e Sargentos da Polícia Militar. Era sua terceira decisão equivocada. Parecia uma provocação. Dias depois da Revolta dos Marinheiros, o presidente da República prestigiaria com sua presença outra atividade de militares subalternos. Era como se estivesse prestigiando a quebra da hierarquia. Tancredo Neves, líder do governo na Câmara, tentou convencê-lo a não comparecer. No dia seguinte, surgiram notícias de que um golpe para derrubá-lo se iniciava em Minas Gerais. No final da tarde do dia 30, Jango, em seu apartamento em Copacabana, no edifício Chopin, encontrou-se com ministros e assessores. Tancredo, uma vez mais, tentou demover o presidente da decisão de ir ao Automóvel Club. Não conseguindo, pressagiou: "Deus faça com que eu esteja enganado, mas creio ser este o passo do presidente que irá provocar o inevitável, a motivação final para a luta armada". Goulart desvencilhou-se dos presentes. Recolheu-se e só saiu do apartamento para dirigir-se ao Automóvel Club.

Lá estavam quase todos os seus ministros. O "cabo" Anselmo também estava presente. Goulart ouviu vários discursos antes de falar, inclusive o de seu ministro da Justiça, Abelardo Jurema, bastante exaltado. Jango afinal falou. Seria seu último discurso, transmitido por rádio e TV. Baseou-se em texto preparado pelo líder comunista Luís Carlos Prestes, mas improvisou quase todo o tempo. Goulart, em um primeiro momento, acusou o golpe que lhe dava a Igreja Católica, já que, após a "Marcha da Família, com Deus, pela Liberdade" ocorrida em São Paulo no dia 19 de março, outras tinham sido promovidas em diversas cidades brasileiras (consulte a cronologia no final deste livro): "é demasiada audácia a desses aventureiros se atreverem a falar em nome da igreja", disse.

Deu, em seguida, um conselho dúbio aos sargentos no tocante à delicada questão da disciplina:

Que respeitem a hierarquia legal, que se mantenham cada vez mais coesos dentro das suas unidades e fiéis aos princípios básicos da disciplina. Que continuem prestigiando as nossas instituições, porque em nome dessas instituições, em nome dessa disciplina, os sargentos jamais aceitarão sectarismos, partam de onde partirem, porque o caminho que lhes está traçado é o caminho que me foi traçado também.

Como que se desculpando, afirmou que, afinal, esclarecera o teor das reformas de base:

Mas outra crítica que constantemente se levantava contra o presidente da República, diariamente transcrita e bem paga na imprensa brasileira, era a de que o presidente não revelava quais as reformas que desejava o povo brasileiro. Este argumento agora não prevalece mais, porque o presidente da República acaba de enviar mensagem ao Congresso Nacional propondo claramente, e com todas as letras, como o povo brasileiro deseja as reformas. Reformas que não podem mais ser adiadas, reformas que não podem mais ser transferidas, porque essas reformas constituem, acima de tudo, reivindicações legítimas e sentidas do povo brasileiro e são indispensáveis ao desenvolvimento do nosso país.

Antevendo o seu fim, afrontou a realidade:

O meu mandato, conferido pelo povo e reafirmado pelo povo numa segunda vez, será exercido em toda a sua plenitude, em nome do povo e na defesa dos interesses populares. Enganam-se redondamente aqueles que imaginam que as forças da reação serão capazes de destruir o mandato que é do povo brasileiro.

Mas ele é que se enganava. Poucos dias depois do Comício da Central, o chefe do Estado-Maior do Exército, general Castelo Branco, tomou a iniciativa que faltava para coordenar as forças que conspiravam pela derrubada de Goulart. Ele lançou dois documentos reservados. O primeiro, datado de 20 de março de 1964, uma "instrução reservada" dirigida aos generais e demais militares do Estado-Maior e organizações subordinadas. O segundo deveria ser entregue aos grupos de tropas por meio de um oficial "da mais absoluta confiança". Intitulava-se "Lealdade ao Exército" e buscava levantar opiniões e coligir informações práticas tendo em vista a derrubada de Goulart.

Na instrução reservada, Castelo mencionava o Comício da Central e a proposta de plebiscito para convocar uma constituinte:

> Compreendo a intranquilidade e as indagações de meus subordinados nos dias subsequentes ao comício de 13 do corrente mês. (...) A ambicionada Constituinte é um objetivo revolucionário pela violência com o fechamento do atual Congresso e a instituição de uma ditadura.

Dizia que os militares respeitavam a autoridade do presidente da República, mas "dentro dos limites da lei". No "Lealdade ao Exército", o general anunciava que pretendia "coordenar os anseios e esforços que vêm sendo observados em vastas áreas das Forças Armadas" e fazia uma avaliação ideológica de Brizola e Goulart:

O falso "nacionalismo" apregoado pelos agitadores não chega a encobrir a base marxista-leninista em que se apoiam suas convicções impregnadas do bafio que de longe denuncia o materialismo dialético. Lembremo-nos de que só depois de consumada a traição de Cuba e de miseravelmente abatidos os que se deixaram iludir, só depois de virtualmente extintas quaisquer possibilidades de reação, proclamou o ditador cubano o sentido marxista-leninista da revolução que encabeçara. A dissimulação e a traição são as armas preferidas pelos cripto-comunistas.

Castelo dizia que não era intuito do documento tramar a destituição do atual governo, mas era exatamente isso que fazia. Afirmava que os militares temiam que o próprio governo destruísse a ordem social e a democracia representativa e, por isso, em termos dramáticos, conclamava:

Soldados verdadeiramente democratas, estamos vivamente empenhados numa vigorosa ação de vigilância e determinados a reprimir, *com sacrifício da própria vida*, quaisquer tentativas de implantação de um regime de força no país: comunista, síndico-comunista, castrista, "nacionalista" ou fascistoide. Com essa finalidade e para que possa haver uma ação conjunta e eficiente que nos assegure unidade de vistas e comunhão de esforços, procuramos agora ultimar criterioso levantamento dos meios com que poderemos contar na hora decisiva, se a tanto nos conduzirem as ambições, a concupiscência de outros, a insensatez e a irresponsabilidade de muitos.

Esses documentos de Castelo tiveram grande repercussão entre os militares. Eram reservados e clandestinos, como admitia o próprio general ("por mais inverossímil que pareça, a defesa das instituições e do regime terá de processar-se hoje de forma aparentemente clandestina"). Funcionaram, na prática, como uma autorização para que se iniciassem os preparativos para o golpe.

O golpe

História incruenta

A visão que muitos temos sobre o Brasil é marcada por alguns mitos: nosso país seria imune a grandes catástrofes naturais, como terremotos e furacões, mas também seria afortunado pela grandeza de nossas riquezas naturais, pela dimensão continental do território e pelas características singulares do povo – cordial e otimista. Mais ainda: viveríamos uma democracia racial assinalada pela convivência pacífica das raças e teríamos uma história incruenta, pois as grandes transformações políticas – como a Independência e a República – teriam se dado sem derramamento de sangue. Assim, o golpe de 1964 – como outros eventos marcantes da história política brasileira – teria ocorrido sem violências.

Os mitos têm muita força. Eles acabam influenciando a atitude das pessoas, mesmo quando são desmentidos pelos fatos. Não deve ser fácil falar em "história incruenta" para as famílias de Jonas Barros, Ivan Aguiar, Ari Cunha e Labib Abduch que morreram no dia 1º de abril, durante o golpe de 1964.

Naquele dia, o capitão Ivan Cavalcanti Proença, no Regimento "Dragões da Independência", deu-se conta das incertezas do momento: seus colegas sabiam de sua posição legalista e pareciam oscilar entre o apoio ao golpe e a cautela dos que, nesses momentos, preferem ficar "em cima do muro". Ivan Proença recebeu um comunicado preocupante de dois sargentos: perto dali, na praça da República, estudantes e populares estavam sendo ameaçados por armas. O capitão dirigiu-se para lá e viu algo estarrecedor. Homens apontavam armas como revólveres e velhas metralhadoras, a partir de veículos utilitários, na direção da sede da Faculdade Nacional de Direito, na qual estudantes do Centro Acadêmico Cândido de Oliveira (Caco) protestavam contra o golpe. Proença decidiu defender os alunos. Mandou que aqueles homens armados abandonassem o local e voltou o seu próprio armamento – muito superior – contra eles. Salvou vidas e comprometeu a sua própria, pois seria punido pelos golpistas vitoriosos e cassado, tendo sua carreira interrompida.

Apesar da atitude de Proença, Ari e Labib foram mortos naquele dia. Ali, no largo do Caco, onde estavam concentradas algumas centenas de estudantes, foram vítimas de tiros, provavelmente do Comando de Caça aos Comunistas (CCC) – espécie de grupamento paramilitar, clandestino, que atacava quem lhes parecesse "subversivo". Ari e Labib foram levados ainda com vida ao Hospital Souza Aguiar, nas proximidades, mas não resistiram aos ferimentos e morreram.

Houve mortes também no Nordeste. A imediata deposição pelos golpistas do governador de Pernambuco, Miguel Arraes, enchera de revolta alguns pernambucanos. Jonas e Ivan participavam da manifestação de rua contra a deposição arbitrária do governador. Uma enorme repressão policial se seguiu. Tiros foram ouvidos, Jonas e Ivan foram atingidos e mortos.

Talvez por ingenuidade, alguns contabilizam a violência pelo número de mortes: "se houve poucas mortes no dia do golpe de 1964, ele não foi muito violento". Que significa isso? Bem, segundo essa leitura, teríamos confirmada a nossa tradição de "história incruenta". Há também os que chamam a atenção para o fato de que a derrubada de Goulart foi fácil, pois, além de não ter havido grande derramamento de sangue, tudo teria se resolvido com alguns telefonemas. Isso é relativamente verdadeiro. De fato, Goulart caiu com facilidade, poucos atos de violência foram verificados e, efetivamente, muita coisa foi decidida por telefone. Mas essa é uma leitura simplificadora. A brutalidade do golpe de Estado de 1964 está evidenciada pelo sangue das pessoas que morreram. Deve ser denunciada não apenas por outras formas de violência, inclusive a de natureza institucional, mas também pela grande quantidade de ações arbitrárias que tomaram conta do país naquele início de abril. Não houve a assepsia que a tese da "batalha de telefonemas" pressupõe. O golpe de 1964 não foi marcado pela banalidade.

A tese de um golpe asséptico e banal relaciona-se à persistência do mito da história incruenta e corrobora a leitura segundo a qual nos primeiros anos do regime militar não teria havido tortura. Isso realmente não é verdade. Logo após o golpe, inúmeras ações arbitrárias ocorreram, como prisões sem mandato, interrogatórios violentos e tortura. O golpe – como costuma acontecer nesses casos – liberaria uma onda de arbítrio.

A mobilização da sociedade

O mito da história incruenta encobre a versão apaziguadora de que, no Brasil, o golpe de 1964 e a ditadura militar não foram tão violentos como, por exemplo, seus correlatos argentinos. Aqui teria havido uma "ditabranda" – alguns asseguram ingenuamente.

Essas versões simplistas dão conforto aos espíritos, mas devem ser repelidas porque não traduzem a verdade. Assim como o golpe foi violento, ele também contou com o apoio de parte da sociedade, como já disse. Essas duas questões se inter-relacionam: para os que apoiaram a derrubada de Goulart, deve ser tranquilizador supor que não houve violência.

Mas houve violência e apoio. As "Marchas da Família, com Deus, pela Liberdade", por exemplo, cobriram todo o país. As mais conhecidas e comentadas são a de São Paulo, que aconteceu antes do golpe, no dia 19 de março, e a do Rio de Janeiro, que se tornou uma espécie de comemoração pela derrubada de Goulart, já que ocorreu depois de o golpe se tornar vitorioso no dia 2 de abril. São conhecidas porque reuniram muitas pessoas. Alguns analistas falam em milhões, o que é exagero. Mas houve muitas outras marchas, o que talvez seja mais significativo do que a grande dimensão das marchas do Rio e de São Paulo porque isso nos alerta sobre alguns aspectos.

Elas se iniciaram a partir de uma frase infeliz de Goulart no Comício da Central. Como vimos, Jango não fez um discurso muito exaltado no dia 13 de março. Mas, lá pelas tantas, disse o seguinte:

> O cristianismo nunca foi o escudo para privilégios condenados
> pelo santo padre, nem também, brasileiro, os rosários podem

ser levantados contra a vontade do povo e as suas aspirações mais legítimas. Não podem ser levantados os rosários da fé contra o povo, que tem fé numa justiça social mais humana e na dignidade das suas esperanças. Os rosários não podem ser erguidos contra aqueles que reclamam a discriminação da propriedade da terra, hoje ainda em mãos de tão poucos, de tão pequena minoria.

Ele estava se referindo a um fato específico. Desde o início dos anos 1960, chegara ao Brasil a "Cruzada do Rosário", movimento criado em 1945, nos Estados Unidos, pelo padre irlandês Patrick Peyton. Sob o *slogan* "A Família que Reza Unida Permanece Unida", Peyton defendia que o rosário seria "a mais poderosa alavanca que eleva o mundo do deprimente materialismo em que se encontra". Em 1962, a Cruzada reuniu milhares de pessoas no Rio de Janeiro. Pouco antes do Comício da Central, em fevereiro de 1964, cerca de 3 mil mulheres invadiram o auditório da Secretaria de Saúde de Belo Horizonte onde Leonel Brizola faria um discurso em defesa das reformas de base. Houve muita confusão, as mulheres usaram sombrinhas e cadeiras como armas e o episódio ficou conhecido como "Noite das Cadeiradas". Brizola não pôde falar.

Ao ouvir a passagem do discurso de Jango, Lucília Batista Pereira, neta de Rui Barbosa e que, na vida religiosa, chamava-se irmã Ana de Lourdes, indignou-se e teve a ideia de um movimento de desagravo ao rosário. Essa teria sido a origem das "Marchas da Família, com Deus, pela Liberdade".

A primeira marcha, em São Paulo, foi marcada para 19 de março, dia de São José, padroeiro da família. A multidão começou a se concentrar às 16 horas na praça da República. Dali, dirigiu-se para a praça da Sé, passando pela rua Barão de Itapetininga, praça Ramos de Azevedo, viaduto do Chá, praça do Patriarca e rua Direita. Os organizadores esperavam que a marcha suplantasse, em número, o Comício da Central, mas surpreenderam-se com a grandiosidade da manifestação. Estima-se o comparecimento de cerca de 500 mil pessoas. Gritavam palavras de ordem como "Está chegando a hora de Jango ir embora". Faixas e cartazes faziam alusão à chamada "Revolução Constitucionalista" de 1932, movimento que tentou se contrapor a Getúlio Vargas: "Trinta e dois mais trinta e dois igual a sessenta e quatro". Duzentos ex-combatentes de 1932 vinham à frente da marcha. O governador Adhemar de Barros e o vice-presidente do Senado, Auro de Moura Andrade, estiveram presentes. Carlos Lacerda, governador da Guanabara, também foi. Em seu discurso, o senador padre Calazans disse:

> Hoje é o dia de são José, padroeiro da família, o nosso padroeiro. Fidel Castro é o padroeiro de Brizola. É o padroeiro dos comunistas. Nós somos o povo. Não somos do comício da Guanabara. Aqui estão mais de 500 mil pessoas para dizer ao presidente da República que o Brasil quer a democracia e não o tiranismo vermelho. Aqui está a resposta ao plebiscito da Guanabara: não! não! e não!

A marcha do Rio de Janeiro vinha sendo convocada desde antes do golpe, também em protesto contra Goulart, mas tornou-se conhecida como "Marcha da Vitória". No dia 2 de abril, a multidão começou a se reunir nas proximidades da igreja da Candelária. A convocação para a manifestação havia recebido grande divulgação na imprensa. Os jornais publicaram anúncios que diziam: "em nome de sua fé religiosa compareça e traga a sua família". Folhetos vinham sendo distribuídos afirmando que o movimento estava "destinado a reafirmar os sentimentos do povo brasileiro, sua fidelidade aos ideais democráticos e seu propósito de prestigiar o regime, a Constituição e o Congresso, manifestando total repúdio ao comunismo ateu e antinacional". Antes do início da marcha, hinos foram entoados e os sinos da Candelária badalaram. À frente da marcha, vinham 20 membros do Regimento de Cavalaria da Polícia Militar. A manifestação foi transmitida ao vivo pela Rádio Nacional, a partir de um automóvel, em cadeia com a Agência Nacional. Seu locutor garantia: "A Rádio Nacional é do governo e o governo agora é democrata". O ex-presidente Eurico Dutra, então com 81 anos, percorreu um trecho a pé, mas cansou-se. Ao seu lado estava Amélia Molina Bastos, presidente da "Campanha da Mulher pela Democracia" (Camde), professora primária que alardeava, orgulhosamente, ser "neta, sobrinha, irmã e mulher de general". Algumas faixas e cartazes faziam gracejo: "vermelho bom, só batom" ou "com foguetes foram à lua, conosco viram estrelas". Universitários conservadores traziam faixa mais agressiva: "Estudantes autênticos saúdam a UNE desejando-lhe felicidade nas profundezas do inferno", referência ao incêndio que consumira o prédio da entidade no dia do golpe. Os discursos começaram no final da tarde. A multidão aguardava com palavras de ordem como "– Um, dois três, Brizola no xadrez!". O general Mourão Filho, deflagrador do golpe, discursou fazendo o gesto da vitória. "Somos o povo que libertamos", disse. Muito emocionado, em lágrimas, Dutra não quis discursar, mas foi ovacionado. Adepto de gestos triunfais, Lacerda chegou de helicóptero e também chorou. Em seu discurso de encerramento, Amélia Molina de Barros disse porque estavam ali:

contra os que tramavam o aniquilamento das instituições democráticas; ameaçavam as nossas crenças e nos conduziam pelo despenhadeiro do amoralismo político, do caos econômico e financeiro, da desordem social, da indisciplina nas escolas e nas fábricas, nos campos e nos quartéis, para o abismo do comunismo brutal, ateu e antibrasileiro.

Em um país católico como o Brasil, a ideia de ofensa ao rosário é bastante mobilizadora. A igreja católica sempre teve grande poder de convocação e capilaridade, espraiando-se por todo o país. Desse modo, é possível detectarmos nas "Marchas da Família, com Deus, pela Liberdade" um componente de manipulação e evidente propaganda anticomunista e contrária a Goulart. Mas o movimento ultrapassou esses limites e expressou um autêntico sentimento de insatisfação da classe média. Foram realizadas dezenas de marchas, em todo o país, ao longo dos meses de abril, maio e junho, comemorando a vitória dos golpistas de 1964.

As líderes do movimento ficariam pejorativamente conhecidas como "marchadeiras". Essas mulheres vinham se organizando havia algum tempo. A Camde tinha ligações com o Ipes e atuava desde 1962. No episódio da indicação de San Tiago Dantas para o cargo de primeiro-ministro, atuaram pela primeira vez, manifestando-se contrariamente. Mandavam milhares de cartas aos jornais e faziam programas de rádio alertando sobre os perigos do comunismo. Em Minas Gerais, havia a atuante Liga da Mulher Democrata (Limde) e, em São Paulo, a União Cívica Feminina (UCF). Todas contavam com apoio dos empresários.

Durante algum tempo, as marchas foram lembradas pelos militares como justificativa e base de legitimidade do golpe de 1964. Conforme o general Mourão Filho dizia, ele, "como todos os homens que participaram da revolução, nada mais fez do que executar aquilo que as mulheres pregavam nas ruas contra o comunismo". Entretanto, o saneamento financeiro do primeiro governo militar reduziu os salários e gerou expressiva alta dos preços, de modo que a "carestia da vida" tornou o governo Castelo Branco bastante impopular. As mulheres que apoiaram a derrubada de Goulart logo se insurgiram contra as medidas restritivas de Roberto Campos, ministro do Planejamento, e se diziam magoadas por não terem sido ouvidas sobre a nova política econômica. Em novembro de 1964, líderes da Camde foram levadas aos Estados Unidos e saudadas como heroínas, mas, pouco tempo depois, o segundo secretário da embaixada norte-americana, Lowell Kilday, dizia que elas exageravam seu papel na "revolução". Nos anos seguintes, as marchas logo deixariam de ser mencionadas nas celebrações que os militares promoviam do 31 de março.

Tudo isso acontecia em um clima de grande mobilização política e manifestações contundentes da imprensa. O *Correio da Manhã* viveu um episódio curioso. No dia 31 de março, o jornal estampou em sua primeira página um editorial impactante – escrito em conjunto pelos jornalistas Otto Maria Carpeaux, Carlos Heitor Cony e pelo redator-chefe Edmundo Moniz – intitulado "Basta!":

> Até que ponto o presidente da República abusará da paciência da nação? Até que ponto pretende tomar para si, por meio de decretos, leis, a função do Poder Legislativo? Até que ponto contribuirá para preservar o clima de intranquilidade e insegurança que se verifica presente na classe produtora? Até

que ponto deseja levar ao desespero, por meio da inflação e do aumento do custo de vida, a classe média e a classe operária? Até que ponto quer desagregar as Forças Armadas, por meio da indisciplina que se torna cada vez mais incontrolável? (...) Se o sr. João Goulart não tem a capacidade para exercer a Presidência da República e resolver os problemas da nação dentro da legalidade constitucional, não lhe resta outra saída senão a de entregar o governo ao seu legítimo sucessor. O Brasil já sofreu demasiado com o governo atual, agora basta!

Logo no dia seguinte, o jornal repetiu a dose com o editorial intitulado "Fora!":

A nação não mais suporta a permanência do sr. João Goulart à frente do governo. Chegou ao limite final a capacidade de tolerá-lo por mais tempo. Não resta outra saída ao sr. João Goulart que não a de entregar o governo ao seu legítimo sucessor. Só há uma coisa a dizer ao sr. João Goulart: Saia! (...) Queremos que o sr. João Goulart devolva ao Congresso, devolva ao povo, o mandato que ele não soube honrar. Nós do *Correio da Manhã* defendemos intransigentemente, em agosto e setembro de 61, a posse do sr. João Goulart, a fim de manter a legalidade constitucional. Hoje, como ontem, queremos preservar a Constituição. O sr. João Goulart deve entregar o governo ao seu sucessor, porque não pode mais governar o país.

Era uma posição bastante dúbia. Falava em defesa da Constituição, mas defendia o afastamento do presidente da República. O jornal mudaria sua posição no dia seguinte. As primeiras violências do novo regime assustaram o diário. Sob título algo irônico e em autorreferência, publicou, no dia 2 de abril, o editorial "Basta! e Fora!" no qual marcava posição contra as arbitrariedades que vieram na esteira do golpe:

> Está terminado o episódio mais inglório da história republicana do Brasil. Basta! Mas não só basta disso, também basta de aproveitamento reacionário do episódio. Basta! e Fora! (...) Repetimos a João Goulart: João Goulart cai pelos erros e crimes políticos de João Goulart (...) Não toleramos, agora, o terrorismo nem o fanatismo da reação. Não combatemos a ilegalidade para alternar com outra ilegalidade. A reação já comete crimes piores que os cometidos. Depõe governadores, prende ministros e deputados, incendeia prédios, persegue sob a desculpa de anticomunismo a tudo e a todos. Não admitiremos: a estes fanáticos e reacionários opomos a mesma atitude firme de ontem. A eles também diremos: Basta! e Fora!

Essas manifestações da classe média urbana e da imprensa por vezes nos parecem ridículas, por vezes, duvidosas. Porém, são mais do que isso. É fundamental compreendê-las: por que semelhante clima de medo se consolidou? Quando Goulart fez seu discurso no Comício da Central, moradores da Zona Sul do Rio de Janeiro, que abrange bairros de classe média e alta, acenderam velas nas janelas de seus apartamentos, em protesto contra o "radicalismo" de Jango. Que radicalismo era esse? As propostas de reformas de base não eram radicais, sobretudo a da reforma agrária. Na verdade, eram imprecisas e modestas. Devemos reconhecer que Goulart não foi habilidoso ao defendê-las. Por exemplo, em seu discurso na Central, ele propôs "regulamentar o preço extorsivo dos apartamentos e residências desocupados". Logo surgiriam boatos de que os apartamentos vazios seriam tomados pelo governo. Mas também é preciso reconhecer que essas pequenas possibilidades de conquistas populares encheram de receio a elite e boa parte da classe média. Por que havia semelhante horror em relação a algumas simples medidas de justiça social? Esse é um traço fundamental da sociedade brasileira da época e ajuda-nos a entender por que foi possível a deflagração do golpe.

Tudo isso expressar-se-ia de maneira quase burlesca na campanha "Ouro para o Bem do Brasil". O dono dos *Diários Associados*, Assis Chateaubriand, reproduzindo campanha assemelhada da época do movimento constitucionalista de 1932, em São Paulo, propôs que as pessoas doassem ao governo suas joias. Anéis, pulseiras e cordões chegaram a contabilizar cerca de 400 quilos. O Rotary Club realizou uma "Semana Cívica do Ouro". O governador de São Paulo, Adhemar de Barros, doou o seu salário. Aos que faziam doações era dada uma aliança de latão com a inscrição "Doei ouro para o bem do Brasil". Ainda hoje é possível adquirir um desses anéis em sites de compra e venda na internet.

Movimentação de tropas

O que efetivamente caracteriza um golpe de Estado? Um ato de força era necessário para a deposição do presidente Goulart. Os principais conspiradores militares apostavam em um desgaste natural de Jango, que terminaria, segundo eles, criando uma situação insustentável capaz de justificar seu afastamento do poder, como a adoção de uma medida claramente ilegal, inconstitucional, que pudesse ser francamente contestada. Mas, como disse antes, não havia uma coordenação das várias "ilhas de conspiração". Diversos grupos de conspiradores espalhavam-se pelo país e não contavam com uma liderança efetiva que pudesse impor uma diretriz unificada.

Uma das "ilhas" mais ativas situava-se em Minas Gerais. No dia 28 de março, o marechal Odílio Denis reuniu-se com o governador do estado, Magalhães Pinto, no aeroporto da cidade de Juiz de Fora. Denis havia sido o principal responsável, como ministro da Guerra do renunciante Jânio Quadros, pela declaração dos ministros militares sobre a "absoluta inconveniência" da posse de Jango. Desde que deixara o ministério, passou a conspirar contra Goulart. Durante a reunião, argumentou que Jango tinha planos de instaurar uma "república sindicalista". Esse era um dos principais argumentos dos conspiradores: para eles, João Goulart aproveitaria o apoio que tinha dos sindicatos e, por meio de um golpe de Estado ou de algumas medidas de força sucessivas, instauraria um regime político inspirado no peronismo argentino, no qual prevaleceria a vontade dos sindicatos. Mais do que isso, conforme essa leitura, o esquema trabalhista e sindical de Goulart terminaria por não ser capaz de resistir à proeminência ideológica e organizacional do comunismo (que também apoiaria Goulart), de modo que, em pouco tempo, a "república sindicalista" acabaria controlada e superada pela instauração de um regime decididamente comunista no Brasil.

Durante a reunião, Denis não teve dificuldade em convencer o governador Magalhães Pinto: é bastante provável que Magalhães se comprometera a agir de comum acordo com os planos do governo norte-americano. Não existem provas documentais para sustentar tal afirmação, mas alguns indícios são bastante eloquentes. O governo dos Estados Unidos da América supunha, desde 1963, que, no caso de uma derrubada de Goulart, seria adequado que um grande estado brasileiro se declarasse um "governo alternativo provisório", o que lhe permitiria apoiar a derrubada de Jango com alguma aparência de constitucionalidade, pois esse tipo de situação não é desconhecido do direito internacional e das relações diplomáticas, sobretudo quando um governo tirânico está sendo combatido internamente – o que, evidentemente, não era o caso, mas, como forma de operacionalizar a derrubada de Goulart, servia, naquele momento, aos interesses norte-americanos.

Magalhães Pinto, logo após a reunião com Denis no aeroporto de Juiz de Fora, nomeou um secretariado especial, com nomes de relevo nacional, como Milton Campos, José Maria Alkmin e Afonso Arinos de Melo Franco. Poucos entenderam o que estava acontecendo. Conforme Afonso Arinos explicaria um ano depois,

> em fins de março, Magalhães enviou ao Rio [de Janeiro, onde estava,] Osvaldo Pierrucetti, em avião especial, para buscar-me. Eu seria nomeado secretário de Governo, com o fim especial de obter, no exterior, o reconhecimento do estado de beligerância, caso a revolução se transformasse em guerra civil demorada, como justificadamente receávamos.

Ora, essa era exatamente a estratégia delineada no plano de contingência norte-americano, como ainda veremos.

Há outro indício de que Magalhães Pinto estava de algum modo articulado com o governo norte-americano: depois que a movimentação de tropas se iniciou, Afonso Arinos, talvez chocado com a iniciativa impatriótica em que se envolvera, decidiu avisar Jango de que os EUA apoiavam os golpistas.

Arinos havia sido ministro das Relações Exteriores no governo Jânio Quadros e no gabinete de Brochado da Rocha, no período parlamentarista. Pediu a San Tiago Dantas, seu amigo – que também ocupara o mesmo cargo durante o primeiro gabinete parlamentarista de Tancredo Neves –, que avisasse Goulart de que os Estados Unidos estavam não apenas dispostos a apoiar os golpistas, como também a reconhecer um governo alternativo ao dele, isto é, o de Magalhães Pinto. San Tiago procurou Goulart na manhã do dia 1º de abril e o advertiu. Há relatos que confirmam e descrevem o encontro. É provável que San Tiago Dantas e Afonso Arinos não soubessem em detalhes da "Operação *Brother Sam*", mas certamente estavam cientes do decidido apoio dos Estados Unidos da América aos golpistas. Afonso Arinos, no segundo volume de suas memórias, apenas mencionou o episódio e prometeu que o esclareceria em novo volume, mas, quando o publicou, preferiu silenciar.

A deflagração propriamente dita do golpe, entretanto, não dependeu do apoio norte-americano, ao menos não diretamente. Quem o iniciou foi o general Olympio Mourão Filho, conspirador de longa trajetória. Ele foi o autor do famoso "Plano Cohen", que estabelecia uma estratégia para a tomada do poder pelos comunistas no Brasil em 1937. Sua autoria foi atribuída à Internacional Comunista, o que era falso, mas o plano acabou servindo como pretexto para a instauração do Estado Novo. Mourão era controvertido, expunha-se demais, pois conspirava quase abertamente. Ele garantiu a autoridades norte-americanas, ainda em 1963, que Goulart seria brevemente derrubado. Estava seguro de contar com o apoio norte-americano, mas, como já disse, sua iniciativa não decorreu de determinação dos Estados Unidos. Muito ao contrário: foi uma decisão pessoal que, inclusive, atropelou outros chefes militares.

Ele havia servido em diversos lugares e em todos os seus postos foi um conspirador ativo. Foi comandante da 3ª Divisão de Infantaria em Santa Maria (RS), liderou a 2ª Região Militar (SP) e, em agosto de 1963, foi transferido para a 4ª Região Militar e 4ª Divisão de Infantaria do Exército, em Juiz de Fora (MG). Essa última transferência o deixou em posição estratégica, distante poucos quilômetros do Rio de Janeiro. Ele participou da reunião com Denis e Magalhães Pinto no aeroporto da cidade, ocasião em que ficou acertado o início do golpe. Magalhães deveria emitir um decidido manifesto pela deposição de Goulart e Mourão iniciaria o deslocamento das tropas. O manifesto de Magalhães não foi o esperado por Mourão. O governador nada disse sobre a deposição de Goulart. Referiu-se à radicalização ideológica, fez menção à necessidade das reformas e posicionou-se contra o comunismo:

> Contra isso brada a formação do povo mineiro, que tem como seu ponto mais alto o amor à liberdade. Nossa atitude, neste momento histórico, não representa senão o dever de nos inclinar aos imperativos dessa vocação. E Minas se empenhará com todas as suas forças e todas as energias de seu povo para a restauração da ordem constitucional comprometida nesta hora.

Mourão ficou irritado com tanta "mineirice", ainda mais porque Magalhães encaminhou seu manifesto primeiro aos jornais antes de enviar-lhe. O general havia acompanhado o discurso de Goulart no Automóvel Club do Brasil, transmitido até 1h30min da manhã do dia 31 e impacientava-se. Por volta das 2h da manhã, decidiu redigir o seu próprio manifesto – o que diz ter feito em dezoito minutos, conforme relatou em suas memórias postumamente publicadas:

> Faz mais de dois anos que os inimigos da ordem e da democracia, escudados na impunidade que lhes assegura o senhor chefe do Poder Executivo, vêm desrespeitando as instituições, enxovalhando as Forças Armadas (...) Organizações espúrias de sindicalismo político, manobradas por inimigos do Brasil, confessadamente comunistas, tanto mais audaciosos quanto estimulados pelo senhor presidente da República, procuram infundir em todos os espíritos a certeza de que falam em nome de um Estado estrangeiro, a cujos interesses imperialistas estão servindo em criminosa atividade subversiva (...) Tentaram revoltar o disciplinado e patriótico "círculo de sargentos", e, recentemente, essas organizações e esse governo tudo fizeram para desmoralizar e humilhar a Marinha de Guerra do Brasil, na mais debochada e despudorada ofensa à sua disciplina e hierarquia, que nela devem predominar (...) conclamamos todos os brasileiros e militares esclarecidos para que, unidos conosco, venham ajudar-nos a restaurar, no Brasil, o domínio da Constituição e o predomínio da boa-fé no seu cumprimento. O senhor presidente da República, que ostensivamente se nega a cumprir seus deveres constitucionais, tornando-se, ele mesmo, chefe de governo comunista, não merece ser havido como guardião da Lei Magna, e, portanto, há de ser afastado do poder de que abusa, para, de acordo com a lei, operar-se a sua sucessão, mantida a ordem jurídica.

Cerca de 4 horas da manhã do dia 31 de março, Mourão deflagrou em definitivo o movimento. Suas tropas iniciaram o deslocamento em direção ao Rio de Janeiro. Desde o dia anterior, a polícia militar de Minas Gerais já controlava as fronteiras e pontos estratégicos do estado, pois o 12º Regimento de Infantaria, sediado em Belo Horizonte, sob comando do coronel Dióscoro Gonçalves do Valle, havia entrado em ordem de marcha, por determinação do general Carlos Luís Guedes, comandante da IV Infantaria Divisionária, também sediada na capital mineira.

A iniciativa de Mourão é bastante conhecida. O que talvez ainda valha a pena destacar é seu significado, de relativa improvisação, e a reação de generais como Costa e Silva e Castelo Branco, que a avaliaram como imprudente. Todos os conspiradores esperavam grande resistência da parte de Goulart. Poucos anteviram que o governo cairia como um castelo de cartas.

A "Operação *Brother Sam*"

Mas, afinal, em que consistiu o apoio norte-americano ao golpe de 1964? Havia, realmente, a decisão de invadir o Brasil?

Esse é um episódio tão disparatado que muitos não acreditam nele. Como poderiam os Estados Unidos da América, a principal superpotência, considerar a hipótese de desembarcar tropas no Brasil, o maior país da América do Sul, em uma intervenção que seguramente se tornaria um escândalo internacional? Não será isso uma especulação das "esquerdas paranoicas" resultante de "visões conspiratórias" da história? A resposta, em uma palavra, é não. A "Operação *Brother Sam*" realmente existiu e foi muito pior do que se imaginava até recentemente.

Em primeiro lugar, é preciso esclarecer o seguinte: a expressão *"Brother Sam"* (alusão a *Uncle Sam*, o famoso personagem símbolo dos Estados Unidos) foi o codinome adotado pelo governo norte-americano para a parte militar e final de um plano mais amplo que abrangia outras iniciativas que visavam, inicialmente, a desestabilização do governo Goulart. Tudo começou ainda em 1962, bem antes do golpe, durante o governo de John Kennedy. Em uma reunião com o embaixador Lincoln Gordon e com Richard Goodwin, secretário assistente de Estado para Assuntos Interamericanos, Kennedy claramente concordou com as avaliações de Gordon e com a sugestão de Goodwin:

> Gordon – Creio que uma de nossas tarefas mais importantes consiste em fortalecer a estrutura militar. É preciso deixar claro, porém com discrição, que nós não somos necessariamente hostis a qualquer tipo de ação militar, contanto que fique claro o motivo...
> Kennedy – Contra a esquerda.
> Gordon – Ele [Goulart] está entregando o maldito país aos...
> Kennedy – Aos comunistas.
> (...)
> Goodwin – (...) Nós podemos muito bem querer que eles assumam o poder até o final do ano, se puderem.

Foi exatamente nesta reunião que o nome do coronel Vernon Walters foi lembrado para ocupar a posição de adido militar. A escolha decorria do fato de que, segundo Gordon, entre os adidos, o militar seria o mais importante. Também foi nessa reunião que Kennedy autorizou a remessa dos já mencionados 5 milhões de dólares para financiar a campanha de oposicionistas a Goulart nas eleições de 1962. O Ipes foi mencionado como intermediário adequado para canalizar a ajuda.

Inicialmente falou-se em 8 milhões de dólares, mas Kennedy lembrou que uma campanha presidencial norte-americana custava cerca de 12 milhões. Essa chuva de dólares não ajudou muito. Brizola foi eleito deputado federal pela Guanabara e Miguel Arraes tornou-se governador em Pernambuco.

O fracasso agitou o governo norte-americano. No dia seguinte às eleições, Kennedy enviou uma missão chefiada pelo investidor William H. Draper a fim de avaliar o resultado negativo. Essa missão ajudou a endurecer as relações dos EUA com o Brasil. Ela sugeriu que Kennedy cancelasse uma visita que faria ao país e que o Brasil fosse tratado com rigor no plano econômico. Kennedy decidiu pressionar Goulart diretamente e, em dezembro de 1962, mandou seu irmão ao Brasil. A reunião de Robert Kennedy e Jango foi áspera. O irmão do presidente americano (que também era seu secretário de Justiça) exigiu de Goulart a demissão de auxiliares e o controle das finanças públicas.

Após a vitória de Goulart no plebiscito de 1963, as inquietações do governo norte-americano cresceram. Preocupado com a evolução dos acontecimentos no Brasil, onde se vivia uma exacerbação política, com muitas manifestações sociais, greves e mobilização da esquerda, Kennedy determinou algo que era e é corriqueiro em diversos governos e empresas: a elaboração de um "plano de contingência", isto é, um estudo que trabalhasse com cenários para possíveis desdobramentos da crise brasileira e apresentasse alternativas de ação para que o governo dos EUA defendesse seus interesses.

Este plano de contingência foi feito com a ajuda do embaixador Lincoln Gordon. O embaixador compartilhava com os conspiradores brasileiros a tese de que Goulart tentaria instalar uma república sindicalista no Brasil e acabaria perdendo o controle para os comunistas. Ele convenceu o Departamento de Estado (o equivalente norte-americano ao Ministério das Relações Exteriores) dessa tese e, com base nela, delineou o plano de contingência que foi aprovado pelo presidente Kennedy pouco antes de seu assassinato em 1963.

Segundo o plano, o governo norte-americano deveria apoiar a formação de um governo alternativo ao de Goulart como forma aparentemente constitucional de afastá-lo do poder com o apoio dos golpistas brasileiros (chamados no documento de "forças democráticas"): "se uma parte significativa do território nacional fosse controlada pelas forças democráticas, a formação de um governo provisório alternativo para solicitar ajuda seria altamente desejável". Isso, evidentemente, pressupunha entendimentos com os brasileiros.

Como se vê, Magalhães Pinto cumpriu à risca as recomendações do plano, ao nomear um secretariado especial, autorizar a deflagração militar do golpe e preparar-se para obter o reconhecimento internacional para o novo governo brasileiro (o dele). Essa era a parte propriamente política do plano de contingência, que também previa a necessidade de controle militar temporário por meio de uma junta (o que acabou acontecendo com a criação do "Comando Supremo da Revolução"), a posse do sucessor constitucional e a futura eleição de um novo presidente (papéis desempenhados por Mazzilli e Castelo Branco).

Além disso, o plano previa apoio militar caso houvesse algum confronto e o desembarque de tropas se ficasse evidente a intervenção de Cuba ou da URSS. Os Estados Unidos – dizia o plano – deveriam "providenciar apoio secreto ou mesmo aberto [aos golpistas], particularmente suporte logístico (derivados de petróleo, comida, armas e munição), mas intervir com forças somente se houvesse clara evidência de intervenção soviética ou cubana do outro lado". Naturalmente, seria o próprio governo norte-americano que decidiria se Cuba ou a URSS estariam apoiando Goulart. Essa é a base da "Operação *Brother Sam*". A movimentação da força-tarefa naval foi autorizada no dia 31. Ela consistia de um porta-aviões, um porta-helicópteros, um posto de comando aerotransportado, seis contratorpedeiros (dois equipados com mísseis teleguiados) carregados com cerca de 100 toneladas de armas (inclusive um tipo de gás lacrimogêneo para controle de multidões chamado *CS Agent*) e quatro navios-petroleiros que traziam combustível. Mas a vitória dos golpistas foi fulminante e o general Castelo Branco, futuro presidente, disse a Gordon que o apoio norte-americano era dispensável.

Durante muitos anos, os golpistas brasileiros alegaram desconhecer a "Operação *Brother Sam*", sustentando que ela foi uma iniciativa exclusivamente norte-americana. Segundo tais versões, além de não haver qualquer participação brasileira no episódio, a operação serviria "apenas" para suprir o país de combustível, já que havia o temor de que Goulart resistisse e, com o apoio de sindicalistas, bloqueasse a distribuição de gasolina e outros derivados de petróleo aos revoltosos. Essa tese prevaleceu por muito tempo, mesmo depois da descoberta da "Operação *Brother Sam*" em 1976, pela pesquisadora Phyllis Parker. Ela encontrou os documentos no arquivo do presidente Lyndon Johnson. Esse é um aspecto importante: a documentação histórica norte-americana vai sendo divulgada aos poucos, conforme a legislação daquele país, de modo que, mais recentemente, novos papéis foram revelados pelo arquivo nacional dos EUA permitindo esclarecer melhor todo o episódio.

Uma das revelações mais chocantes é a de que havia contato com os militares brasileiros para o planejamento da *Brother Sam*. O principal contato era o general de brigada José Pinheiro de Ulhoa Cintra, enteado do ex-presidente Eurico Dutra. Cintra havia sido cadete de Castelo Branco na Escola Militar de Realengo e atuara sob suas ordens na Itália durante a Segunda Guerra Mundial. Era tido como violento. Detestava Goulart porque não foi promovido, como esperava, em novembro de 1963. Participou ativamente da conspiração militar e, segundo o embaixador Gordon, era o elemento de ligação que avisaria sobre a necessidade suplementar de armas. Portanto, cai por terra a tese de que não havia conhecimento da operação pelos militares brasileiros.

Gordon e Rusk avaliaram todos os perigos que corriam, inclusive o de serem descobertos. Em um telegrama que enviou ao Departamento de Estado ainda no dia 29 de março, o embaixador dizia que, de fato, havia o risco de que a "embaraçosa tentativa de intervenção" acabasse descoberta. Entretanto, completava,

> O risco de que, posteriormente, a operação secreta seja atribuída ao governo dos Estados Unidos nos parece secundário em relação aos efeitos positivos que a operação possa ter se for conduzida com habilidade, levando em conta que muitas coisas que não fazemos são regularmente atribuídas a nós (...) Eu entendo perfeitamente quão grave é a decisão envolvida nesse comprometimento eventual com uma intervenção militar aberta aqui.

Um aspecto grotesco marcaria o fim da "Operação *Brother Sam*". O secretário de Estado, Dean Rusk, ficou apreensivo com os altos custos ocasionados pela retenção dos petroleiros à disposição do Brasil, algo que poderia chegar a 2,3 milhões de dólares. Como a parte militar da operação foi desativada em função da rápida vitória dos golpistas, o Departamento de Defesa não poderia arcar com os custos dos petroleiros. Por isso, Rusk, preocupado com o orçamento do Departamento de Estado, perguntou a Gordon, no dia 3 de abril, se o governo brasileiro poderia reembolsar as despesas. Ou seja, o Brasil quase pagou para ser invadido.

A "Operação *Brother Sam*" decorreu de um grande erro de avaliação dos serviços de informações norte-americanos e, sobretudo, do embaixador Lincoln Gordon. Não foi o primeiro, nem seria o último: como sabemos, a Casa Branca sempre deteve um grande manancial de informações recolhidas por seus diversos serviços de espionagem, mas nem sempre tomou as melhores decisões a partir delas. Além dos serviços da CIA e outras agências de informações, o governo norte-americano também recebia muitos relatos de seus diplomatas, alguns deles fortuitos ou inúteis, como a curiosa análise que Max Krebs, conselheiro político da embaixada dos Estados Unidos no Rio de Janeiro, fez em 1965 sobre o carnaval. Krebs tinha a incumbência de analisar as complexas questões políticas que se instauraram logo após o golpe de 1964. Ele deve ter se entediado e, talvez para tornar menos áridos seus relatórios, decidiu incluir algumas notas culturais. Sua descrição dos brasileiros diz muito a respeito de como o governo norte-americano nos via.

Dez meses após o golpe de 1964, o Rio de Janeiro vivia o primeiro carnaval do regime militar. A segurança foi intensificada. Roupas ousadas e bebedeiras foram vigiadas. O lança-perfume (que Max descreveu como "uso popular perigoso de um atomizador cheio de éter e perfume barato") foi proibido. Para o conselheiro, o reforço da segurança era uma estratégia do governo para melhorar a imagem brasileira no exterior, pois a "tendência à vulgaridade e à depravação" eram "talvez inerentes" ao povo. Max tinha ouvido falar muito do carnaval carioca. Ele sabia que a festa "ofuscava todos os outros acontecimentos". Decidiu dar uma olhada. A primeira coisa que chamou sua atenção foi o bolo de três toneladas feito para comemorar o quadricentenário de fundação da cidade do Rio de Janeiro. Ele procurou saber se a coisa era realmente comestível. Mas o carnaval era o que importava. "O aspecto dominante do carnaval brasileiro parece ser o de catarse e liberação: é um mecanismo para dissipar a tensão, um meio de autoexpressão desinibida", procurou explicar. O que mais impressionou Krebs foi a maneira como os cariocas dançavam: eles pulavam. O conselheiro descreveu tudo:

> O verbo usado em relação à execução da dança de carnaval afro-brasileira é "pular", e pular é precisamente o que fazem uns três milhões de habitantes do Rio e seus convidados quase continuamente durante quatro dias e quatro noites. Em um mundo dos sonhos de extravagantes decorações de rua, esplendor e fantasias esbanjadoras (embora milhares tenham de se contentar com fantasias confeccionadas com coisas como toalhas coloridas e penas de galinha), as pessoas põem de lado, por algum tempo, suas preocupações com os crônicos problemas econômicos e sociais de seu país.

Congresso Nacional: a cereja do bolo

Na biografia que escreveu sobre Castelo Branco, Luís Vianna Filho – que foi chefe da Casa Civil do primeiro governo militar

– relatou como foi a posse de Ranieri Mazzilli na presidência da República, logo após a dramática declaração de vacância do cargo feita pelo presidente do Senado, Auro de Moura Andrade. Auro era senador por São Paulo, eleito pelo Partido Trabalhista Nacional (PTN), tendo depois migrado para o PSD. Ele havia se envolvido em um episódio conturbado quando Jango – como já vimos – o indicou para o cargo de primeiro-ministro em 1962, mas, diante da negativa de apoio do PTB, Auro desistiu de tomar posse porque não poderia nomear os ministros que queria. Agora, menos de dois anos depois, ele dava o troco. Darcy Ribeiro, ministro-chefe da Casa Civil, enviara uma carta a Auro dizendo que o presidente estaria no Rio Grande do Sul resistindo ao golpe:

> O senhor presidente da República incumbiu-me de comunicar a vossa excelência que, em virtude dos acontecimentos nacionais das últimas horas, para preservar de esbulho criminoso o mandato que o povo lhe conferiu, investindo-o na chefia do Poder Executivo, decidiu viajar para o Rio Grande do Sul, onde se encontra à frente das tropas militares legalistas e no pleno exercício dos poderes constitucionais (...).

Darcy pretendia, justamente, garantir que Jango estava em território nacional e que, portanto, não abandonara o governo. Auro já havia combinado com outras lideranças que declararia a vacância do cargo e foi exatamente o que fez, apesar dos protestos de alguns parlamentares do PTB, como Sérgio Magalhães, que tornaram a sessão bastante tumultuada, mas não conseguiram deter Auro:

> O senhor presidente da República deixou a sede do governo [tumulto no plenário], deixou a nação acéfala [tumulto] numa

hora gravíssima da vida brasileira em que é mister que o chefe de Estado permaneça à frente do seu governo. Abandonou o governo e esta comunicação faço ao Congresso Nacional! Esta acefalia configura a necessidade do Congresso Nacional, como poder civil, imediatamente tomar a atitude que lhe cabe nos termos da Constituição brasileira para o fim de restaurar, nesta pátria conturbada, a autoridade do governo e a existência de governo. Não podemos permitir que o Brasil fique sem governo, abandonado [tumulto]. Há sob a nossa responsabilidade a população do Brasil, o povo, a ordem [tumulto]. Assim sendo, declaro vaga a Presidência da República! E nos termos do artigo 79 da Constituição, declaro presidente da República o presidente da Câmara dos Deputados, Ranieri Mazzilli [tumulto]! A sessão se encerra!

Era a madrugada do dia 2, por volta das 3 horas da manhã, e um bando de parlamentares dirigiu-se para o Palácio do Planalto, que fica próximo ao prédio do Congresso. Alguns se aboletaram em um carro, outros seguiram a pé junto ao veículo.
O palácio estava às escuras, mas havia sentinelas a postos que nada fizeram diante da virtual invasão. Os parlamentares tentaram entrar pela porta da frente, mas não conseguiram. O objetivo era chegar ao gabinete presidencial, no terceiro andar, a fim de que Mazzilli tomasse posse. Acabaram subindo pelos fundos, cujas escadas também não estavam iluminadas. Luís Vianna diz que, nesse momento, teve uma surpresa:

Ao meu lado, acesos alguns fósforos, descobri um jovem secretário da embaixada americana – Robert Bentley. Logo apareceram velas, permitindo chegarem outros até ao 4º andar, onde se depararam os poucos remanescentes dos gabinetes Militar e Civil, que portavam armas, mas não demonstraram nenhuma ideia de reação.

O próprio Robert Bentley, 43 anos depois desse episódio, deu-me uma versão um pouco diferente. Ele havia sido destacado para acompanhar os deputados da UDN "e outros partidos da direita". A embaixada norte-americana, cuja sede ainda estava no Rio de Janeiro, mantinha um escritório em Brasília. Com sua peculiar racionalidade, o Departamento de Estado determinara que diplomatas específicos acompanhassem cada um dos partidos. O primeiro-secretário cuidava do PTB, governista, e o segundo, do PSD. Sobrara a UDN para o jovem terceiro-secretário.

Por essa razão, Bentley conhecia pelo nome e pessoalmente quase todos os 182 deputados federais e senadores da UDN, dos quais tornara-se familiar. Dedicava-se a esta função desde 1963, quando chegara a Brasília com 24 anos. Posteriormente, ele se tornaria cônsul em São Paulo, em 1976. Naquela época, a missão norte-americana no Brasil contava com um orçamento milionário. Em 1965, ela mobilizava cerca de 2 mil pessoas e movimentava algumas dezenas de milhões de dólares.

Segundo Bentley, era fácil estabelecer contato com os parlamentares da UDN. O governo Goulart caracterizava-se por certa informalidade e o acesso às autoridades era relativamente franco. Ele relata que não havia muito o que fazer em Brasília, cidade nova e ainda vazia, com poucos carros em circulação, o que permitia verificar a presença de autoridades checando-se o estacionamento. Ele diz que

> Foi um ambiente de muito contato e intimidade. Lembro um dia em que almocei com o presidente do Senado, tomei chá com

o [presidente do] Supremo e um café com o chefe do Secretariado Técnico da Presidência – com visita informal de Goulart. Fiquei efetivamente a conhecer todos os deputados e senadores da minha "área" e uma boa parte dos outros. Havia os folclóricos, como Tenório Cavalcanti – que matou um cachorro raivoso na minha frente com uma minipistola escondida durante um churrasco na chácara dele –, e os senadores nordestinos, cujos nomes eram números em francês – *Vingt-Sept*! Aprendi muito sobre a história do Brasil de pessoas que contavam as relações entre famílias no Rio e nos seus estados de origem.

Bentley manteve uma espécie de "plantão permanente" no Congresso Nacional nos últimos dias de março, pois era visível o acirramento da crise política. A partir do dia 29, ficou lá, dia e noite, fornecendo relatos ao escritório da embaixada. Encerrada a sessão em que Auro de Moura Andrade declarou a vacância do cargo de Goulart, ele se preparava para voltar para casa, mas, segundo seu depoimento, o então deputado udenista Luís Vianna Filho o segurou e disse: "Vem conosco, vamos ao Planalto". Bentley, agitado, seguiu o futuro chefe da Casa Civil de Castelo Branco. Como se vê, há pequena diferença entre a versão de Luís Vianna e a de Robert Bentley.

Seja como for, o mais interessante é termos uma versão do diplomata norte-americano sobre o que se passou no Planalto naquela madrugada:

Às 3h da manhã, os parlamentares se agruparam fora do prédio do Congresso para a curta caminhada até o Planalto, o palácio presidencial. O presidente escolhido, Mazzilli, foi levado até o Planalto em um carro literalmente coberto por homens armados. A procissão solene de congressistas foi barrada no palácio presidencial por apreensivos guardas portando metralhadoras que não sabiam o que estava acontecendo. Os parlamentares os convenceram a deixá-los prosseguir e então entraram no palácio pelas escadarias da parte de trás que eles tiveram alguma dificuldade para localizar (a porta da frente estava trancada e eles não quiseram quebrar o vidro). Quando a maior parte dos parlamentares abarrotou o escritório do terceiro andar, o presidente Ranieri Mazzilli tinha acabado de ser empossado pelo presidente do Supremo Tribunal Federal, Ribeiro da Costa. Eram 3h30min da manhã de 2 de abril. O arremate final havia sido dado ao golpe de estado.

Bentley não estava muito seguro quanto à efetividade daquela cerimônia: "Invadir o palácio presidencial às 3 da manhã e proferir o juramento de posse faz de Ranieri Mazzilli o presidente do Brasil?". No quarto andar do palácio, havia acontecido um breve encontro de alguns parlamentares com Darcy Ribeiro, chefe da Casa Civil, Valdir Pires, consultor geral da República, e Nicolau Fico, comandante da 11ª Região Militar e do Comando Militar de Brasília. Darcy e Valdir

> disseram aos deputados que poderia haver uma reação militar a este "golpe" partindo do Rio Grande do Sul e também em Brasília, no palácio. O presidente Mazzilli pediu a todos que permanecessem no prédio com ele até próximo aviso. (...) Com alguma apreensão, os parlamentares concordaram. Nesse ínterim, o general André Fernandes ordenou que tropas leais a ele se deslocassem do Congresso para o palácio para proteger o presidente Mazzilli e a tensão começou a dissipar-se. Ribeiro, Pires e Fico deixaram o palácio para destino ignorado. Ao

amanhecer, não havia mais qualquer dúvida na mente dos parlamentares: Ranieri Mazzilli era agora o presidente do Brasil e sua presidência estava garantida pelas Forças Armadas. Apesar da sequência febril de eventos, de legalidade um pouco questionável, o clima na cidade de Brasília e no Congresso nesta manhã, a manhã seguinte, era de aceitação de um *fait accompli* (...) Tanques e outras armas estavam estacionados na praça diante do Congresso.

A posse de Mazzilli se deu em condições absolutamente anômalas. Quando o grupo chegou ao gabinete presidencial, percebeu que não havia entre eles um oficial-general. Recorreram ao general André Fernandes, que acabou nomeado chefe do Gabinete Militar. Para completar a fachada constitucional da posse, o deputado Nélson Carneiro, do PSD da Guanabara, chegou com o presidente do Supremo Tribunal Federal, Ribeiro da Costa. Mazzilli foi empossado nessas circunstâncias vergonhosas.

Bentley acabou tendo um papel importante para que o governo norte-americano reconhecesse, imediatamente, o novo governo brasileiro. De uma sala ao lado do gabinete presidencial ele ligou para o escritório da embaixada e relatou o que vira:

A embaixada em Brasília estava com linha aberta para o Rio e [o] Rio, com linha para Washington. A pergunta de Washington foi se a posse era legal. Descrevi outra vez o que tinha [se] passado. Perguntaram de novo se a mudança de presidente era legal e se os Estados Unidos deviam reconhecer o novo regime. Eu disse que pensava que o que eu vi tinha toda a forma legal. Disseram para eu ir dormir. Quando voltei à embaixada, umas

12 horas depois, já os EUA tinham reconhecido o novo regime no Brasil.

O subsecretário de Estado, George W. Ball, estava em Washington monitorando a situação. O secretário Dean Rusk estava ausente, de modo que Ball exercia interinamente o cargo. Graças ao informe de Bentley, ele recebeu, em primeira mão, a notícia da posse de Mazzilli, transmitida pelo embaixador Lincoln Gordon. O próprio Ball diz o que fez:

> Eu enviei um telegrama ou emiti uma declaração que teve o efeito, com efeito, de reconhecer o novo governo. Goulart não estava totalmente fora do país e eu estava me arriscando. Mas funcionou belamente e foi muito efetivo. Foi o tipo de coisa que marcou um momento para o fim do sr. Goulart.

Ball pode estar exagerando. Esse telegrama nunca foi localizado. Mas há relatos de que o presidente Lyndon Johnson ficou irritado por não ter sido acordado. Johnson reuniu o Conselho de Segurança Nacional logo ao meio-dia (10 horas no Brasil) e pôs em discussão o problema do reconhecimento. Ball pronunciou-se dizendo que "não haveria nenhum problema com o reconhecimento dos Estados Unidos porque nós meramente continuaríamos nossas relações com o presidente". Ainda nesse mesmo dia 2 de abril, por meio de uma teleconferência, o embaixador Lincoln Gordon reafirmou sua recomendação de reconhecimento imediato do governo de Mazzilli. Participaram da redação da mensagem Dean Rusk e Ural Alexis Johnson (subsecretário adjunto para Assuntos Políticos). Johnson a enviou mais tarde, ainda na noite do dia 2. Essa pressa renderia muitas críticas ao governo norte-

-americano, tanto da opinião pública do país, quanto da comunidade internacional.

Jogando a toalha

Goulart mal havia deixado o país. Jango foi avisado na manhã do dia anterior sobre o apoio norte-americano aos golpistas. Ele deixou o Rio à tarde e seguiu para Brasília a fim de encontrar a mulher e pegar documentos. Já estava provavelmente decidido a sair do Brasil, como o faria, no dia 3, depois de passar por Porto Alegre. Em Brasília, foi à Granja do Torto e ao Palácio de Planalto. Lá encontrou Darcy Ribeiro, seu ministro-chefe da Casa Civil, que insistia em resistir. Darcy se envolveria em episódios desastrados em Brasília. O comandante da 11ª Região Militar e do Comando Militar de Brasília, Nicolau Fico, titubeava entre defender o governo constitucional e aderir aos golpistas. Darcy deve ter lembrado a imagem dos militares como "gorilas", cara a Leonel Brizola, e fulminou Nicolau: "Macaco traidor! Estou vendo os pelos crescendo em seu corpo!". Darcy havia interceptado um telegrama no qual Fico se dirige a Costa e Silva tratando-o de "meu chefe". Encheu-se de fúria e disse a ele: "Ele não é seu chefe. É um macaco. Você não merece vestir a saia de Iracema!".

Darcy e outras pessoas haviam reunido, no Teatro Nacional, uma multidão de aproximadamente mil trabalhadores disposta a "tomar armas para preservar a legalidade do governo de João Goulart". Eles esperariam em vão porque Goulart não autorizou qualquer resistência e, ademais, não havia armas.

O presidente concordou apenas em gravar um manifesto à nação, texto que foi ditado às pressas por Tancredo Neves, que sempre teve facilidade para fazer discursos. O manifesto lembra, no tom, a carta-testamento de Vargas:

> Da capital da República, numa noite em que forças reacionárias desencadeiam mais uma vez o golpe contra as instituições democráticas, e contra a libertação econômica da pátria, na plenitude dos meus poderes constitucionais, que o povo me outorgou, que o povo ratificou, em pronunciamentos memoráveis, reafirmo a minha inabalável decisão de defender intransigentemente, numa luta sem tréguas, esse mesmo povo contra as arremetidas da prepotência da pressão do poder econômico.

Quem o datilografou foi Almino Affonso, que se recorda do desânimo de Goulart:

> Pareceu-nos, então, que o presidente não deixaria Brasília sem comunicar-se com o país, dando-lhe noção dos rumos. Então ele delegou ao Tancredo a tarefa de escrever um breve discurso. Coube a mim ir datilografando o texto que Tancredo ia ditando, com algumas sugestões que ocorreram a alguns dos presentes. No final, o presidente gravou-o para ser enviado às rádios e à TV. Mas o fez com a voz tão sumida, que não transmitia ânimo, segurança. [O texto dizia que] ele instalaria o governo em Porto Alegre e de lá comandaria a resistência à aventura golpista. Não guardei o texto do discurso e nunca o vi reproduzido. Às 18h, fomos todos para a Base Aérea.

O esforço do presidente não adiantou muito. A Rádio Nacional do Distrito Federal, que transmitiu a mensagem às 23h30min, ainda estava em poder dos legalistas, mas seu alcance era pequeno. Outras emissoras, como as rádios Mayrink

Veiga e Nacional, do Rio de Janeiro, que formariam uma rede, foram silenciadas pelos golpistas. O manifesto caiu no esquecimento: ele chegou a ser publicado, no dia seguinte, na primeira página do *Correio da Manhã*, e também seria reproduzido em um dos diversos livros que foram publicados sobre o golpe logo depois dos eventos de março e abril de 1964. Mas raramente é mencionado pela historiografia. O conselheiro do escritório de representação da embaixada norte-americana em Brasília, Robert Dean, disse o seguinte sobre o que chamou de "testamento político" de Goulart.

> Duas vezes antes, na recente história política brasileira, a última declaração escrita de presidentes teve influência sobre os acontecimentos políticos. A primeira foi a carta de suicídio de Vargas e a segunda, a carta de renúncia de Quadros. Na realidade, pode-se dizer que se estabeleceu uma moda nesses assuntos, que foi observada pelo deposto presidente João Goulart. Seu canto do cisne, proferido na noite de 1º de abril, logo antes de fugir da Capital Federal (...), se assemelha aos pronunciamentos de Vargas e de Quadros por culpar grupos nacionais e internacionais, opostos às "medidas progressistas" tomadas por seu governo, pelas desgraças de seu país. Embora Goulart não use especificamente o termo, esses grupos são obviamente as "forças ocultas" do vocabulário político brasileiro.

Também em Porto Alegre, Goulart foi instado a resistir. Lá estavam seu cunhado, Leonel Brizola, e o general Ladário, que havia sido nomeado às pressas comandante do III Exército (Porto Alegre). Brizola insistia em se contrapor aos golpistas, mas o general teve atitude ambígua. Disse a Goulart, inicialmente, que três outros generais tinham opinião contrária à de Brizola, mas que ele se prontificava a apoiar Jango. Sua frase, entretanto, foi, no mínimo, dúbia: seria possível resistir enquanto houvesse "um punhado de homens (...) até esperar que a vitória se conquiste por milagre". De Porto Alegre, Jango foi para São Borja e, dali, ingressou no Uruguai.

Goulart já estava decidido: não resistiria. Ainda quando estava no Rio de Janeiro, ele poderia ter ordenado um bombardeio aéreo dos soldados de Mourão Filho. Na Base Aérea de Santa Cruz, estava de prontidão o coronel Rui Moreira Lima. O militar resolveu avaliar a situação e decolou em direção a Juiz de Fora em um jato Paris I, no dia 1º de abril, tendo como copiloto o tenente-coronel-aviador Berthier de Figueiredo Prates. Sem outro recurso, teve de usar um mapa do *Guia quatro rodas* para chegar ao município de Areal e localizar a coluna de Mourão. Voou baixo duas vezes, causando verdadeiro pânico entre os soldados. Em seguida, retornou à base. Moreira Lima aguardou ordens para autorizar que os pilotos legalistas que estavam com ele partissem a bordo de quatro jatos F-8 que ele havia deixado em alerta. É preciso considerar, entretanto, que chovia forte naquele dia e, possivelmente, o mau tempo impediria a decolagem dos jatos. Não podemos avaliar com segurança. Apenas sabemos que Goulart não deu a ordem. Os jatos poderiam ter bombardeado as cercanias da região onde estavam as tropas, não seria preciso matar ninguém. Isso, certamente, obrigaria os golpistas a negociar.

A atitude de Goulart é controversa. Ele poderia ter resistido. É verdade que não contava com apoio militar, ao contrário do que alardeava o seu ministro-chefe do Gabinete Militar. O general Assis Brasil manteve uma política militar equivocada de promoções e nomeações e também não soube aproveitar as informações que recebia. Apesar disso, as forças à disposição da Presidência da República poderiam ser mobilizadas se Jango tivesse uma atitude afirmativa. Os líderes da conspiração julgavam que haveria uma prolongada resistência. O próprio general Castelo Branco temia isso: ainda no dia 31, quando as tropas de Mourão Filho começaram a se deslocar, Castelo telefonou ao governador mineiro, Magalhães Pinto, e ao general Mourão pedindo que o deslocamento de tropas fosse interrompido porque, em sua avaliação, as forças governamentais as derrotariam.

Foi justamente por não contar com apoio militar que Goulart decidiu deixar o Rio de Janeiro. Ele poderia ser preso a qualquer momento, especialmente depois que os generais Oromar Osório e Cunha Mello, bastante próximos ao presidente, foram incapazes de impedir que as forças legalistas aderissem aos golpistas. Eles haviam sido mandados em direção a Juiz de Fora a fim de se confrontar com as tropas de Mourão. Oromar nem voltou para relatar ao presidente o seu fracasso. Como se não bastasse, o comandante do II Exército, sediado em São Paulo, general Amauri Kruel, que era compadre de Goulart, decidiu aderir ao golpe. No Rio de Janeiro, o comandante do I Exército, sediado na antiga capital, aconselhou o presidente a sair do Palácio das Laranjeiras.

A decisão do presidente deposto lhe renderia a acusação de indeciso, de covarde. Mas ele foi prudente e realista, especialmente considerando-se o apoio norte-americano. A eventual resistência poderia levar os Estados Unidos da América a desembarcar tropas no Brasil, instaurando uma situação desconcertante e de consequências imprevisíveis. Talvez houvesse conflitos internos, quem sabe a "luta entre irmãos" que ele havia buscado evitar, conforme afirmara no seu discurso de posse em 1961. Goulart teve razão em não resistir? Ele estaria certo quando justificou-se: "seria uma sangueira"?

A notícia de que Goulart havia deixado o Rio de Janeiro foi comemorada na Zona Sul da cidade. Algumas pessoas amarraram lenços e bandeiras em seus carros e desfilaram pelos bairros de Copacabana, Botafogo e Flamengo. Neste último, detiveram-se em frente à sede da União Nacional dos Estudantes que ardia em chamas no final da tarde, imagem impressionante que seria estampada nos jornais do dia seguinte.

Quem manda?

Mazzilli, evidentemente, não controlava a situação. Presidiu o país por apenas 13 dias. Foi um período de grandes incertezas e de disputa pelo poder. Logo após a movimentação de tropas iniciada por Mourão Filho, o general Costa e Silva autonomeou-se comandante do Exército Nacional. Criou também um "Comando Supremo da Revolução", integrado pelo vice-almirante Augusto Hamann Rademaker Grünewald e pelo brigadeiro Francisco de Assis Correia de Melo. Foi esse comando que editou o primeiro ato institucional e efetuou as primeiras punições (cassações de mandatos parlamentares, suspensões de direitos políticos e transferência de militares para a reserva).

Costa e Silva tentou manter-se como homem forte do novo regime. A frágil posição de Mazzilli favorecia esta sua pretensão e há indicadores de que o general preferia que o presidente da Câmara completasse o mandato de João Goulart. Jango deveria permanecer no poder até 31 de janeiro de 1966, já que Jânio Quadros assumira em 31 de janeiro de 1961.

Costa e Silva enquadrou rapidamente Mazzilli: o presidente em exercício havia telefonado para ele nos primeiros dias de abril e o chamou de "ministro". Mazzilli teve de engolir a correção de Costa e Silva: "Eu aqui não sou ministro". Ele preferia ser chamado de general.

Nas primeiras horas do dia 4 (de sexta-feira para sábado), Costa e Silva reuniu-se com os governadores no Ministério da Guerra. Compareceram Carlos Lacerda, Magalhães Pinto, Ildo Meneghetti, Mauro Borges, Adhemar de Barros e Nei Braga, além de outros líderes civis. O general já tinha ouvido comentários de que o nome de Castelo Branco era o preferido para a Presidência da República. Lacerda tentava convencer Costa e Silva da necessidade de imediata definição e o general o interrompia, dizendo não ser oportuno fazer-se eleição naquele momento, muito menos escolher-se o nome de um militar, que dividiria o Exército. Lacerda e Costa e Silva desentenderam-se. Magalhães Pinto decidiu voltar para Minas Gerais. A reunião foi um fracasso.

Lacerda saiu muito agastado do encontro. Tomou uma de suas típicas iniciativas: decidiu renunciar ao cargo de governador e escreveu uma carta explosiva ao general Costa e Silva na qual dizia:

A sugestão que esta noite os governadores lhe foram levar era inspirada nos melhores propósitos: eleições, já, de um general à Presidência da República. V. excia. recebeu-a com hostilidade, considerando-a capaz de dividir o Exército e julga que a presidência como está, e como ficará daqui a vinte e poucos dias, quando o Congresso eleger outro, é melhor para o Exército. Numa palavra, v. excia. prefere ser ditador por intermédio do dr. Mazzilli a ter o comando revolucionário na Presidência da República. (...) não quero participar de uma ditadura não declarada, exercida por v. excia. por intermédio do presidente Mazzilli. Esta fórmula, sr. general, é bem pior e nem sequer é original. Amanhã, tão logo haja comunicado esta decisão ao meu secretariado, retirar-me-ei do governo da Guanabara e da vida pública.

Lacerda pediu a Juracy Magalhães, ex-governador da Bahia e também presente na tumultuosa reunião, que entregasse a carta a Costa e Silva. Juracy, já tendo vivido muitas crises – ele que fora interventor na Bahia, em 1931, nomeado por Getúlio Vargas –, decidiu nada fazer e a carta permaneceu desconhecida por muitos anos. Lacerda era dado a esses gestos espetaculares. Durante o golpe, havia chamado a atenção entrincheirando-se no Palácio Guanabara, cercado por barricadas e caminhões de lixo, portando uma metralhadora e dando entrevistas. Havia boatos de que o palácio seria atacado pelos fuzileiros navais, comandados pelo almirante Aragão. Em certo momento, Lacerda confundiu alguns soldados da polícia militar, que estavam no morro atrás do Guanabara, com os fuzileiros navais. Transmitido pelo rádio, seu desafio enfurecido ficou famoso:

> O Palácio Guanabara está sendo atacado, neste momento, por um bando de desesperados. Fuzileiros, deixem suas armas, porque vocês estão sendo tocados por um oficial inescrupuloso. Aragão, covarde, incestuoso, deixe os seus soldados e venha decidir comigo essa parada. Quero matá-lo com o meu revólver! Ouviu, Aragão? De homem para homem. Os soldados nada têm a ver com isto.

Depois da tumultuada reunião presidida por Costa e Silva, no domingo seguinte as coisas se acalmaram. O general voltou a receber os governadores, embora Lacerda não tenha comparecido, sendo representado por Juracy, que informou Costa e Silva sobre a inconformidade do governador com o tratamento que recebera no dia anterior. Mas o general surpreendeu a todos informando que acatava a indicação do nome de Castelo Branco. Uma reunião do Alto Comando havia decidido nesse sentido. Sobre Castelo, afirmou: "Ótimo nome, não pode haver melhor no Exército. É o melhor de todos nós. Está à altura de exercer o cargo".

Esses episódios parecem ser apenas curiosos, espécie de "bastidores da história" marcados pela violência de Costa e Silva ou pelo comportamento irrefletido de Lacerda. Não é por isso que os registro aqui: na verdade, nessa reunião iniciou-se, de algum modo, o regime militar. Se o leitor tiver em mente a distinção que busquei estabelecer entre "golpe civil-militar" e "ditadura militar", bem verá que alguns episódios definirão, aos poucos, a fronteira entre um e outro momento. Costa e Silva poderia ter feito o que quisesse. Ele representava a efetiva fonte do poder.

O ato sem número: punições legais ou revolucionárias?

A disputa pelo poder, que apareceu em versão condensada na reunião de Costa e Silva com os governadores, tornar-se-ia explícita no momento da "institucionalização" do golpe. Era preciso, segundo os vitoriosos, elaborar algum tipo de regulamentação jurídica que desse uma aparência de licitude ao novo regime — necessidade que ecoava a velha tradição legiferante e o bacharelismo das elites. Havia alguns problemas e dúvidas urgentes: como seria escolhido o presidente?

Qual seria o tamanho de seu mandato? Por outro lado, como aplicar as punições aos derrotados – pois os grupos mais radicais insistiam na necessidade de uma "operação limpeza" tendo em vista, sobretudo, os militares que apoiavam Goulart, os comunistas e "subversivos" em geral e os "políticos corruptos".

Durante alguns dias, cogitou-se da ideia de o Congresso Nacional autorizar cassações de mandatos parlamentares e suspensões de direitos políticos – as principais punições pensadas naquele momento. Isso agradava a alguns setores vitoriosos e ao governo norte-americano, mas desagradava muito aos grupos mais radicais que buscavam maior autonomia para aplicar as punições e temiam negativas ou demoras do parlamento. No dia 7 de abril, o tema foi bastante discutido no Congresso Nacional.

A solução veio do "Comando Supremo da Revolução", que chamou o advogado Carlos Medeiros da Silva para redigir um documento legal que regulamentasse a situação, o "ato institucional" que, futuramente, depois da edição de outros, ficaria conhecido como Ato Institucional n. 1. Diante da dificuldade de obter a aprovação do ato pelo Congresso, Medeiros procurou o jurista Francisco Campos, famoso por ter sido o autor da Constituição de 1937, base do Estado Novo (1937-45). Francisco Campos, em conversa com o "Comando Supremo", convenceu seus integrantes de que o adequado seria outorgar o ato, sem aprovação do Congresso Nacional, pois a "revolução" seria a fonte legítima do poder. Os chefes militares concordaram com a tese. Francisco Campos tirou o paletó, pendurou-o no espaldar de uma cadeira, sentou-se e datilografou de uma vez só o preâmbulo do ato sob a forma de manifesto à nação:

À Nação

É indispensável fixar o conceito do movimento civil e militar que acaba de abrir ao Brasil uma nova perspectiva sobre o seu futuro. O que houve e continuará a haver neste momento, não só no espírito e no comportamento das classes armadas, como na opinião pública nacional, é uma autêntica revolução.

A revolução se distingue de outros movimentos armados pelo fato de que nela se traduz, não o interesse e a vontade de um grupo, mas o interesse e a vontade da nação.

A revolução vitoriosa se investe no exercício do poder constituinte. Este se manifesta pela eleição popular ou pela revolução. Esta é a forma mais expressiva e mais radical do poder constituinte. Assim, a revolução vitoriosa, como poder constituinte, se legitima por si mesma. Ela destitui o governo anterior e tem a capacidade de constituir o novo governo. Nela se contém a força normativa, inerente ao poder constituinte. Ela edita normas jurídicas sem que nisto seja limitada pela normatividade anterior à sua vitória. Os chefes da revolução vitoriosa, graças à ação das Forças Armadas e ao apoio inequívoco da nação, representam o povo e em seu nome exercem o poder constituinte, de que o povo é o único titular. O Ato Institucional que é hoje editado pelos comandantes em chefe do Exército, da Marinha e da Aeronáutica, em nome da revolução que se tornou vitoriosa com o apoio da nação na sua quase totalidade, se destina a assegurar ao novo governo a ser instituído os meios indispensáveis à obra de reconstrução econômica, financeira, política e moral do Brasil, de maneira a poder enfrentar, de modo direto e imediato, os graves e urgentes problemas de que depende a restauração da ordem interna e do prestígio internacional da nossa pátria. A revolução vitoriosa necessita de se institucionalizar e se apressa pela sua institucionalização a limitar os plenos poderes de que efetivamente dispõe.

O presente Ato institucional só poderia ser editado pela revolução vitoriosa, representada pelos comandos em chefe das três Armas que respondem, no momento, pela realização dos objetivos revolucionários, cuja frustração estão decididas a impedir. Os processos constitucionais não funcionaram para destituir o governo, que deliberadamente se dispunha a bolchevizar o país. Destituído pela revolução, só a esta cabe ditar as normas e os processos de constituição do novo governo e atribuir-lhe os poderes ou os instrumentos jurídicos que lhe assegurem o exercício do poder no exclusivo interesse do país. Para demonstrar que não pretendemos radicalizar o processo revolucionário, decidimos manter a Constituição de 1946, limitando-nos a modificá-la, apenas, na parte relativa aos poderes do presidente da República, a fim de que este possa cumprir a missão de restaurar no Brasil a ordem econômica e financeira e tomar as urgentes medidas destinadas a drenar o bolsão comunista, cuja purulência já se havia infiltrado não só na cúpula do governo, como nas suas dependências administrativas. Para reduzir ainda mais os plenos poderes de que se acha investida a revolução vitoriosa, resolvemos, igualmente, manter o Congresso Nacional, com as reservas relativas aos seus poderes, constantes do presente Ato Institucional.
Fica, assim, bem claro que a revolução não procura legitimar-se através do Congresso. Este é que recebe deste Ato Institucional, resultante do exercício do poder constituinte, inerente a todas as revoluções, a sua legitimação.

A solução caiu como um balde de água fria sobre o Congresso e alertou os setores menos radicais sobre o perfil indiscutivelmente autoritário e militar do novo regime. Essa foi mais uma etapa do processo que marcou a passagem do golpe à ditadura, aspecto importante para entendermos a diferença entre o golpe civil-militar e a ditadura militar que, pode-se dizer, começou na turbulenta reunião de Costa e Silva com os governadores – como já foi assinalado – e ganhou fôlego com a edição do Ato Institucional. A "revolução vitoriosa" era "representada pelos comandos em chefe das três armas" e não procurava obter do Congresso Nacional a sua legitimação. Ao contrário, os chefes militares consentiam na continuidade do funcionamento do Congresso, com algumas "reservas". Ademais, o Ato estabelecia que

> no interesse da paz e da honra nacional, e sem as limitações previstas na Constituição, os comandantes em chefe, que editam o presente Ato, poderão suspender os direitos políticos pelo prazo de 10 (dez) anos e cassar mandatos legislativos federais, estaduais e municipais, excluída a apreciação judicial desses atos.

Ou seja, uma punição revolucionária alheia às garantias constitucionais.

A distinção entre o arcabouço legal e o "revolucionário" marcaria todo o regime militar, sobretudo porque o primeiro ato institucional estabeleceu um prazo que limitava a aplicação das punições revolucionárias. Elas seriam inicialmente aplicadas pelo "Comando Supremo da Revolução" e, depois, pelo novo presidente da República por um período de 60 dias. Ora, o que se verificou foi que os militares mais radicais ficaram insatisfeitos com o prazo, tido como curto, para completar a operação limpeza. Esses militares tiveram um papel importante logo no início do regime porque o "Comando Supremo", na antevéspera da posse de Castelo Branco, baixou uma regulamentação segundo a qual os inquéritos para apurar culpas deveriam ser conduzidos por oficiais militares superiores, sobretudo coronéis. Eles ficariam conhecidos como os "coronéis dos IPMs (Inquéritos Policiais Militares)". Essa é a origem da chamada "linha dura", capitães, majores, tenentes-coronéis e coronéis que passariam a lutar pela reabertura da temporada de "punições revolucionárias", causa principal dos futuros AI-2 e AI-5. Eles nunca ficariam satisfeitos com o alcance dos expurgos e seriam o embrião da futura "comunidade de segurança e informações".

O ato também estabelecia outras punições importantes, inclusive aos detentores das garantias constitucionais ou legais de vitaliciedade e estabilidade. Isso permitiria a punição de juízes e de funcionários públicos em geral em todas as esferas (federal, estaduais e municipais).

Outra definição importante dizia respeito à eleição do próximo presidente da República. Ele seria escolhido por eleição indireta, no Congresso Nacional, por maioria absoluta, dois dias depois da decretação do ato, que ainda estabelecia, de maneira otimista, que seu mandato terminaria em 31 de janeiro de 1966, mantida a eleição de 1965. Como se sabe, em 22 de julho, Castelo Branco prorrogaria seu mandato até março de 1967, transferindo a escolha do presidente seguinte para outubro de 1966.

A decretação do Ato Institucional também impactou o governo norte-americano. O secretário de Estado, Dean Rusk, disse ao embaixador Gordon que apoiar as medidas repressivas seria um equívoco. Para Lincoln Gordon, entretanto, não havia a possibilidade de voltar atrás. Mais uma vez, o embaixador norte-americano elaboraria uma interpretação que levaria o governo norte-americano a erro, como já havia acontecido por ocasião da campanha de desestabilização e da "Operação *Brother Sam*". Os Estados Unidos, segundo o embaixador, deveriam fazer vistas grossas:

> O Departamento [de Estado] precisaria levar em consideração que o Brasil realmente escapou por milagre de uma ditadura de dominação comunista e está apenas há poucos dias do que poderia ter sido uma confrontação do tipo de uma guerra civil. Eu não vejo nenhum modo de, agora, pressionar mais sobre essa questão [da legitimidade] sem comprometer bastante nosso crédito e gerar reações contraproducentes.

Lincoln Gordon buscou justificar a necessidade do Ato Institucional citando Carlos Lacerda, que o interpretava como "uma ponte inevitável entre a revolução e a completa restauração das garantias constitucionais". Também citou o general Costa e Silva, que havia encontrado no dia 6. O general lhe disse que os Estados Unidos tiveram problemas na Coreia e no Vietnã porque haviam lutado com os comunistas "seguindo o manual". Para o general, era necessário "usar os mesmos métodos que eles usam". Segundo Costa e Silva, a "revolução" brasileira teria evitado o surgimento de uma "China nas Américas" e os comunistas seriam banidos "a qualquer custo".

Gordon disse ao Departamento de Estado que o ato seria conveniente porque deixava a aplicação das punições nas mãos do comando, livrando Castelo Branco desse ônus. Em seu esforço de convencimento, ele também citou o que ouviu de Mazzilli: o Exército tinha punido 11 generais, logo, seria cabível que o Congresso aceitasse algumas cassações.

O embaixador determinou que seu conselheiro para Assuntos Políticos, John Keppel, fizesse um longo arrazoado demonstrando que o golpe não havia gerado muita violência: "até então os revolucionários não utilizaram execuções ou outra violência física". Garantiu que os presos estavam sendo bem tratados e que as punições seriam moderadas por causa do "tradicional espírito de tolerância brasileiro".

No dia seguinte ao da decretação do ato, Gordon escreveu ao secretário de Estado dizendo que o documento realmente era decepcionante porque deixava o Congresso de lado. Entretanto, apontava alguns atenuantes: o Congresso permanecia aberto; o ato impunha um limite para a aplicação das punições; as eleições estavam garantidas. E concluía apostando no caráter moderado de Castelo Branco: "a maior esperança de que sejam evitados excessos não democráticos reside no caráter e convicções de Castelo Branco, que deve ser o próximo presidente". Por essas razões, recomendava a continuidade do apoio. Na verdade, Gordon concordava com as punições, conforme ele registrou em um telegrama para Rusk:

> Em relação aos parlamentares cujos mandatos foram revogados esta manhã, a maioria estava comprovadamente comprometida com atividades subversivas evidentes, como instigar rebeliões de suboficiais e recrutas, fomentar violência rural e invasão de terra, distribuir armas e organizar forças guerrilheiras. Outros foram implicados nos planos de Goulart para abolir a ordem constitucional. Uma meia dúzia era de conhecidos membros do PC disfarçados em outros partidos. Embora nós não busquemos justificar os processos extralegais adotados pelos líderes revolucionários para levar a cabo a "Operação Limpeza", uma substancial purificação era evidentemente apropriada.

Para Gordon, o ato seria aplicado com sabedoria, graças à moderação de Castelo. Desse modo, ele recomendou a Rusk que se mantivesse discreto, nada declarasse ou, conforme suas palavras: "nossa melhor posição até a posse de Castelo (que, agora, é esperada para domingo) é a mais próxima possível do silêncio de ouro".

Não satisfeito em recomendar a omissão, o embaixador também sugeriu ao secretário de Estado que plantasse algumas notícias na imprensa insinuando que os vitoriosos haviam descoberto inúmeras atividades subversivas e que Goulart planejava dar um golpe visando ao fechamento do Congresso e à implantação de uma ditadura peronista impiedosa com seus oponentes.

O AI-1 foi editado no dia 9 de abril. No dia 10 saíram as listas de 100 pessoas punidas com a suspensão dos direitos políticos e de 40 parlamentares que tiveram seus mandatos cassados. No dia 11, veio a lista de oficiais das Forças Armadas punidos com a transferência para reserva: 77 do Exército, 14 da Marinha e 31 da Aeronáutica. Outras listas viriam.

A violência após o golpe, entretanto, assumiu muitas formas. A destituição do governador de Pernambuco, Miguel Arraes, ocorreu logo no dia 1º de abril. Ainda no dia 31, as tropas do IV Exército entraram em prontidão e mantiveram sob vigilância o Palácio das Princesas, sede do governo. Estudantes para lá se dirigiram, em passeata, clamando contra o golpe e dando vivas a Miguel Arraes. O governador recusou-se a renunciar, apesar de ter sido pressionado nesse sentido pelo comandante do 3º Distrito Naval, almirante Augusto Roque Dias Fernandes. Acabou preso e confinado na ilha de Fernando de Noronha. Teve seus direitos políticos cassados pelo AI-1, foi transferido para outras prisões e, em

1965, conseguiu um *habeas corpus* e deixou o país. Só retornaria 14 anos depois, com a anistia de 1979.

Também em Recife aconteceria um caso bárbaro de tortura logo após o golpe vitimando o líder comunista Gregório Bezerra, então com 64 anos. Gregório havia participado da rebelião comunista de 1935. Poucos dias depois do golpe, foi preso e muito torturado. Além de ter levado coronhadas, golpes de cano na cabeça e ter seu cabelo arrancado com alicate, foi obrigado a pisar em ácido e, em seguida, forçado a desfilar descalço pelas ruas pedregosas do bairro Casa Forte tendo seu pescoço amarrado com cordas seguras por sargentos. Seu verdugo, o coronel Darcy Villoc, incitava a multidão a linchar Gregório, mas as pessoas assistiam à cena aterrorizadas. Gregório Bezerra permaneceria preso até 1969, quando foi libertado, juntamente com outros presos políticos, em troca do embaixador dos Estados Unidos, Charles Elbrick, sequestrado por integrantes da luta armada contra a ditadura.

Os casos de tortura no Nordeste e em outras partes do Brasil foram numerosos e acabaram sendo denunciados na imprensa. Castelo Branco teve de dar alguma resposta e mandou seu chefe do Gabinete Militar, o futuro presidente Ernesto Geisel, em missão investigativa. O general Geisel voltou com um discurso evasivo. A "missão Geisel" marcou o início de um acordo velado: os militares moderados sustentariam a tese de que a tortura decorria dos "excessos" de alguns poucos e escapava ao controle dos oficiais-generais. Isso garantia aos moderados que o "trabalho sujo" fosse feito sem seu envolvimento, ao mesmo tempo que assegurava impunidade aos perpetradores.

Reconhecimento

O Ato Institucional fazia referência explícita a duas necessidades supostamente imperiosas: "a restauração da ordem interna e do prestígio internacional" do Brasil. A preocupação com a imagem externa do Brasil sempre foi grande entre as elites brasileiras. Ela seria uma constante entre os militares durante os 21 anos em que se mantiveram no poder. Afloraria, especialmente, em dois momentos: como algo positivo, durante o "milagre brasileiro" (conforme a designação da imprensa internacional), período de grande crescimento econômico, entre 1969 e 1974, durante o qual o PIB apresentava taxas impressionantes e, como um dado negativo, na etapa em que o regime militar passou a ser alvo de denúncias, no exterior, de violações dos direitos humanos, especialmente no que diz respeito ao uso da tortura pela repressão.

Por isso, logo após o golpe de 1964, surgiu a questão do reconhecimento internacional do novo governo. Alguns embaixadores brasileiros nomeados por Goulart foram chamados de volta ao Brasil: Mário Palmério, Lutero Vargas, Barreto Leite, Leocádio Antunes, Bolívar de Freitas, Souto de Oliveira, Sérgio Lima e Silva e Josué de Castro. Algumas embaixadas ficaram sem saber o que fazer. Há relatos do embaixador norte-americano em Roma segundo os quais seu colega brasileiro pouco fazia para defender o novo regime, aderindo à tese, propagada por alguns jornais italianos, de que Goulart estava longe de ser comunista, sendo um simples reformista de centro-esquerda deposto por generais direitistas e empresários com o apoio dos Estados Unidos.

O governo norte-americano, ao reconhecer precipitada e calorosamente o governo de Mazzilli, gerou alguns problemas. O governo chileno, por exemplo, disse ao embaixador dos Estados Unidos em seu país que a celeridade e o entusiasmo da mensagem de Johnson eram muito diferentes da frieza das notas emitidas quando dos golpes militares do Peru e do Equador poucos anos antes. No Peru, o ministro das Relações Exteriores, Fernando Schwalb, disse que os Estados Unidos deviam ter seus motivos para agir daquela maneira, mas sublinhou que a situação não estava clara para os países latino-americanos.

Os Estados Unidos não apenas ajudaram os golpistas em 1964, como também foram muito úteis na questão do reconhecimento internacional do governo de Mazzilli. O secretário de Estado, Dean Rusk, determinou que todas as embaixadas norte-americanas combatessem versões como as que circulavam na Itália e reafirmassem a interpretação de que a derrubada de Goulart não fora, "de modo algum", um golpe militar, pois, segundo ele, havia "a continuidade do governo civil, da Constituição e dos processos democráticos". Ele garantia, ainda, que a "resistência" (ou seja, os golpistas) só havia crescido "depois que Goulart e seus defensores atacaram tanto a Constituição quanto o Congresso".

A verdade é que não havia nenhuma continuidade constitucional, até porque, nesse caso, não seria necessário o reconhecimento. O Itamaraty, logo no início de abril, enviou uma nota às embaixadas de países estrangeiros dando conta da nova situação. A esperança era que uma nota em resposta servisse como reconhecimento. A embaixada norte-americana, evidentemente, não recebeu tais explicações, porque, além do apoio, já havia reconhecido o novo governo quase imediatamente após a posse de Mazzilli, como vimos. Sua ajuda, no entanto, foi essencial, como reconheceu o então ministro brasileiro das Relações Exteriores, Vasco Leitão da Cunha. Poucos países, segundo Vasco, criaram problemas:

> O único [país] que disse "mas, mas", que não reconheceu logo, foi a Venezuela. O México, que é do contra, reconheceu. O Uruguai, que então era a Suíça da América, reconheceu. No fim de quinze dias todo mundo tinha reconhecido, menos a Venezuela, que, saída de trinta e tantos anos de ditadura, resolveu ser mais democrática que as grandes democracias.

O presidente da Venezuela, Rómulo Betancourt, cujo mandato se encerrara poucos dias antes do golpe de 1964, havia criado a chamada "Doutrina Betancourt", segundo a qual a Venezuela não reconheceria governos decorrentes de golpes militares. Desde o início de 1964, ele estava preocupado com as notícias sobre a crise política no Brasil, embora considerasse, sobretudo, a hipótese de um golpe vindo da esquerda. Em janeiro, durante uma reunião na ONU, o representante da Venezuela disse que o problema brasileiro era muito mais importante do que a crise que se abatia sobre o Panamá na época. Raúl Leoni, o novo presidente, era do mesmo partido que Betancourt. Ele adotou uma posição estranha: não reconheceu o novo governo brasileiro, mas manteve a rotina das relações diplomáticas. Isso aconteceu porque havia obtido o apoio de Goulart para a IX Reunião de Consulta dos Ministros das Relações Exteriores, em julho de 1964, em Washington, convocada pela Venezuela, para discutir a questão cubana. As relações entre os dois países ficaram "suspensas", mas não houve um rompimento efetivo. O Itamaraty optou por deixar em Caracas o então jovem cônsul Alberto da Costa e Silva, que teve bastante trabalho para lidar com a situação dúbia.

As relações somente se normalizariam após a posse de Costa e Silva.

O golpe brasileiro gerou uma crise no Uruguai. O asilo político concedido a João Goulart levou o Itamaraty a enviar ao país o diretor do Departamento Jurídico, Souza Gomes, a fim de negociar o reconhecimento e, sobretudo, de obter garantias de que o país manteria o presidente deposto sob vigilância. Alguns militares uruguaios vieram para o Brasil para um curso que havia sido negociado antes de 31 de março. O ministro da Defesa uruguaio e o comandante do Exército quase foram demitidos por isso.

O alinhamento brasileiro ao governo norte-americano preocupava o secretário de relações exteriores mexicano, José Gorostiza Alcalá. O país reconheceu logo o governo de Mazzilli, mas o embaixador brasileiro no México, Manuel Pio Corrêa Júnior, teve de dar garantias ao secretário de que o Brasil manteria uma política externa independente – o que, muito ao contrário, não ocorreu durante o governo de Castelo Branco, inclusive com o apoio incondicional de Pio Corrêa.

A Costa Rica tinha uma política semelhante à da Venezuela e o presidente Francisco José Orlich Bolmarcich julgava que os militares brasileiros haviam cometido um erro. Entretanto, ele também não gostava de Goulart, pois supunha que o ex-presidente "pretendia uma ditadura de esquerda". O país acabou sucumbindo à pressão norte-americana e aderiu à tese de que não tinha havido propriamente um golpe militar.

O governo francês, assim como muitos outros, sabia que a versão norte-americana não era correta, mas, de algum modo, supunha que o assunto não lhe dissesse respeito diretamente, estando sobretudo na órbita de influência dos Estados Unidos. Assim, a França ficou reticente diante do golpe e manifestou sua esperança de que o novo regime "não se parecesse com um movimento de extrema direita".

Enfim, a reação internacional ao golpe de 1964 não chegou a criar maiores embaraços ao novo governo brasileiro. O marechal Castelo Branco, poucos meses depois de tomar posse, disse ao adido militar norte-americano, Vernon Walters, que via com alegria o resultado da eleição chilena de setembro de 1964, na qual foi derrotado o candidato apoiado pelos socialistas e comunistas, Salvador Allende, vencendo o democrata-cristão Eduardo Frei. Castelo supunha que o golpe de 1964 havia contribuído para a derrota de Allende.

O golpe de 1964 teve alguma influência na Argentina quando da deflagração do golpe militar naquele país, em 1966, liderado pelo general Juan Carlos Onganía que, de algum modo, se inspirou em Castelo Branco. As "Marchas da Família, com Deus, pela Liberdade" ecoaram no Chile entre grupos feministas conservadores.

Em junho de 1964, Lacerda fez saber a Castelo Branco que estava esgotado e pretendia espairecer, viajando para fora do Brasil, mas estava sem dinheiro. Castelo decidiu enviá-lo em missão ao exterior a fim de divulgar a "revolução". Lacerda visitou alguns países europeus e foi recebido nos Estados Unidos pelo secretário de Estado, Dean Rusk, no dia 30 de junho. Ele foi avaliado como candidato certo à presidência da República, já que Juscelino Kubitschek havia sido cassado poucos dias antes, e também como um dos poucos políticos brasileiros que era anticomunista sem ser tacanho, tendo conseguido se opor às "maldades e excessos" de Goulart.

O apoio norte-americano foi determinante e fez com que o novo regime brasileiro se alinhasse inteiramente às posições da grande potência. Uma das primeiras decisões de Castelo

Branco foi o rompimento de relações com Cuba no dia 2 de maio de 1964. O governador Carlos Lacerda dizia que ele próprio recomendara o rompimento a Castelo. Essa talvez seja a razão de Lacerda ter sido mencionado no duro discurso que Fidel Castro fez no dia 19 de abril, data da celebração da derrota da tentativa de invasão de Cuba pelos Estados Unidos em 1961, a famosa "Invasão da Baía dos Porcos", pois a notícia sobre o rompimento já se espalhava. O governo cubano mantinha um Departamento de Versões Taquigráficas que registrava todos os discursos de Fidel. Graças a ele, podemos conhecer a manifestação do líder cubano. Note-se a acusação de que Lacerda mandava exterminar mendigos e o trocadilho que Fidel faz com seu nome chamando-o de "o porco":

> Dizer que Goulart era comunista é, na realidade, o cúmulo (...) Goulart não fez uma reforma agrária como a nossa (...) Não é que tenha proibido a saída de divisas, apenas limitava os ganhos que os monopólios norte-americanos podiam extrair (...) fez uma lei contra os latifúndios que estavam nas margens das estradas (...) O presidente Goulart foi derrubado por um golpe de feitio reacionário, sendo um de seus principais cérebros o homem mais reacionário deste continente, um senhor que, inclusive, como solução para o problema da mendicidade no estado do Rio de Janeiro, onde é governador, propunha a eliminação física dos mendigos (...) um senhor de mentalidade fascista, o governador do estado da Guanabara, Lacerda, "ou o porco", como queiram chamá-lo. E esses elementos, aliados aos elementos reacionários das Forças Armadas, levaram adiante o plano golpista forjado pelo Pentágono e pelo Departamento de Estado ianque (...) Se os imperialistas creem que vamos calar nossas opiniões sobre esse golpe de Estado estão muito equivocados

(...) Imediatamente, começaram os telegramas imperialistas das agências imperialistas a dizer que, agora sim, o Brasil romperia com Cuba, a publicar declarações do senhor Lacerda e de outros elementos reacionários dizendo que iam romper com Cuba (...) pensando, talvez, que essas coisas nos intimidavam, nos abatiam; que, agora sim, que agora que um grande país influente como o Brasil estaria a favor da política de intervenção e de agressões, agora que o Brasil caía em mãos dos gorilas e dos fascistas, agora sim podiam cair em cima de Cuba e que Cuba ia se assustar (...) Falam com júbilo que vão romper [as relações diplomáticas]. Bem: não vamos ficar chorando no dia seguinte a esse rompimento. Não vamos implorar por essas relações e não imploramos por relações com "gorilas" de nenhum tipo.

A posse de Castelo Branco, no dia 15 de abril de 1964, não contou com a presença de muitas autoridades estrangeiras. Algumas ausências, como as dos representantes do México, do Uruguai, do Haiti, do Panamá e da Bolívia (além da Venezuela), causaram constrangimento e irritação aos diplomatas brasileiros e foram vistas como "afrontoso sinal de não reconhecimento".

Do golpe à ditadura

Considerações finais

São os episódios imediatos que explicam a ocorrência do golpe de 1964? O Comício da Central, a revolta dos marinheiros, o discurso de Goulart no dia 30 de março? Sim e não. Certamente é preciso considerá-los como fatores deflagradores, mas o tempo histórico tem muitas durações. Analistas importantes chamam a atenção para outros aspectos, estruturais, de duração relativamente longa. É o caso, por exemplo, dos que supõem que o golpe decorreu de necessidades de alteração do quadro político diante do estágio em que se encontrava o capitalismo brasileiro. Novos setores da burguesia, vinculados ao capital multinacional, teriam encontrado no golpe de 1964 o veículo adequado para obter expressão no nível de governo. São diversas as explicações possíveis para o que aconteceu, mas não vou retomar sua discussão, que já fiz 10 anos atrás, por ocasião dos 40 anos do golpe, no livro *Além do golpe*.

Parece-me, entretanto, que, de um ponto de vista geral, algumas análises desconsideram aspectos que pretendi enfatizar neste livro. Um deles – como disse logo no início – é que o golpe não pressupunha necessariamente a ditadura que se seguiu. Quando consideramos estritamente os episódios que culminaram em 1964, percebemos que a instauração do regime militar foi paulatina e decorreu, em grande medida, do fracasso dos projetos anunciados por seu primeiro dirigente, o marechal Castelo Branco. Para conseguir sua "eleição" pelo Congresso Nacional, Castelo necessitava do apoio de parlamentares do PSD, que havia lançado, em 21 de março de 1964, a candidatura de Juscelino Kubitschek às eleições presidenciais de 1965. Em reunião com líderes do PSD no mês seguinte, no dia 10 de abril, Castelo garantiu a JK que as eleições se realizariam normalmente, o que terminou não acontecendo.

A afirmação sobre o fracasso do marechal Castelo Branco discrepa de boa parte das leituras sobre o primeiro governante militar pós-64. Castelo é comumente lembrado como um homem moderado e legalista, mas é preciso notar que seu governo não expressou nem uma coisa, nem outra. Ele não se manteve na esfera da legalidade e foi incapaz de frear o ímpeto punitivo dos militares mais duros. Patrocinaria atos muito restritivos, como a Lei Suplicy, de novembro de 1964, que tentou refrear a atuação dos diretórios acadêmicos dos estudantes ou o recesso do Congresso Nacional, que não aceitara a cassação de alguns parlamentares, em outubro e novembro de 1966.

Seu maior fracasso veio logo no início do governo. Como vimos, o primeiro Ato Institucional previa a aplicação de "punições revolucionárias" (cassações de mandatos parlamentares, suspensões de direitos políticos e transferências de militares para a reserva) até 15 de junho de 1964. Essas punições eram precedidas por inquéritos sumários. As primeiras punições foram aplicadas pelo "Comando Supremo da Revolução", liderado pelo general Costa e Silva, mas Castelo ficou com essa incumbência depois de sua posse. No dia anterior à posse de Castelo, Costa e Silva estabeleceu a sistemática dos inquéritos policiais militares, os famosos IPMs. Como vimos, eles deveriam ser conduzidos por um encarregado, oficiais superiores, coronéis, em sua maioria, que justamente ficariam conhecidos como "os coronéis dos IPMs". Castelo Branco estava decidido a aplicar moderadamente as punições, frustrando os coronéis. Além disso, no âmbito da Justiça, algumas vítimas conseguiram *habeas corpus*, enchendo de ódio esses militares, base da chamada "linha dura". Esse grupo de pressão se tornaria um dos principais protagonistas do regime militar que, aos poucos, ia se instaurando.

Castelo Branco também fracassou na tentativa de se manter na esfera da legalidade. Logo em 22 de julho de 1964, aceitou que seu mandato fosse estendido até 15 de março de 1967, rompendo, desse modo, o compromisso assumido de manter as eleições presidenciais de outubro de 1965 – promessa que lhe havia garantido os preciosos votos de Juscelino Kubitschek. JK teve seus direitos políticos suspensos, por 10 anos, em junho de 1964, em episódio tão escandaloso que repercutiu mal até mesmo no governo norte-americano. Ao romper o compromisso com as eleições de 1965, Castelo avançou ainda mais no percurso entre o golpe civil-militar e a ditadura militar que ele inaugurou.

Mas as eleições para governadores foram mantidas. Na época, não havia a coincidência dos mandatos de todos os governadores dos estados brasileiros e, por isso, em outubro, deveriam ser escolhidos apenas 11 deles. A vitória de candidatos da oposição na Guanabara e em Minas Gerais deixou a linha dura em polvorosa. Eles não admitiam a eleição de candidatos que a "revolução" deveria ter punido, "inimigos do regime", segundo seu entendimento. O general Costa e Silva — que se tornara o ministro da Guerra de Castelo — assumiu, sobretudo a partir desse momento, o papel de líder do grupo radical. Instaurou-se grave crise política e militar. A linha dura exigia que os eleitos não tomassem posse; Castelo insistia em manter seu perfil de legalista. Foi a partir dessa crise que Castelo Branco, para não ser derrubado pela linha dura, assinou o AI-2, que reabriu a temporada de punições, como era o desejo dos radicais. A eleição dos governadores oposicionistas foi usada como pretexto.

O marechal-presidente, antes de assinar o AI-2, ainda tentou uma saída legal. Seu chefe da Casa Civil levou ao Congresso Nacional uma proposta de emenda que ampliaria os poderes de Castelo Branco, dando-lhe "instrumentos legais adequados para defender as instituições democráticas" e "meios de reprimir tentativas de enfraquecer a revolução". Falava, indiretamente, da pressão dos integrantes da linha dura, intitulados, eufemisticamente, de "setores grandemente preocupados com o futuro dos ideais revolucionários" e apelava para a "compreensão e coragem" dos parlamentares. A proposta dava ao presidente maiores poderes para intervir nos estados, agravava a punição de civis implicados em crimes contra a segurança nacional, impedia a Justiça de avaliar a aplicação do primeiro Ato Institucional e restringia os direitos de expressão e de ir e vir das vítimas do AI-1. Não havia como aprovar tal coisa no Congresso e Castelo Branco sabia disso. Tudo não passou de uma tentativa de salvar as aparências. O AI-2 seria decretado diante da suposta incapacidade de os parlamentares entenderem a dimensão da crise.

A vitória da linha dura tornou o general Costa e Silva candidato inconteste à sucessão de Castelo, contra a sua vontade e a de seus principais assessores, especialmente os generais Ernesto Geisel, ministro-chefe do Gabinete Militar, e Golbery do Couto e Silva, chefe do Serviço Nacional de Informações criado por Castelo Branco. Geisel e Golbery tinham horror a Costa e Silva e, após 1974, voltariam ao poder para conduzir o processo de "abertura" que levaria ao fim da ditadura militar. O general Costa e Silva sucedeu Castelo e, em 1968, assinou o AI-5 que deu poderes punitivos ilimitados ao regime militar.

De algum modo, a história do período pode ser vista como a trajetória dos integrantes da linha dura: ascensão no governo Castelo, apogeu nos governos Costa e Silva e Médici e queda durante os últimos governos militares, de Geisel e Figueiredo. O fato de Castelo Branco não tê-los impedido e, ao contrário, ter-lhes concedido o AI-2 abriu caminho para sua escalada. Eles foram o embrião das "comunidades de segurança e informações" que se formariam após a decretação do AI-5, responsáveis pelas maiores barbaridades cometidas pela ditadura militar. A desmontagem do aparato repressivo que criaram levaria anos e ainda hoje lidamos com os prejuízos que legaram.

O golpe, portanto, não pressupunha a ditadura. Aliás, é por isso que muitos autores entendem que o AI-5 foi um "golpe dentro do golpe". Não concordo. A expressão é infeliz não apenas porque admite como correta a leitura do general Costa e Silva que, três dias após a decretação do AI-5, disse que "sempre que imprescindível, como agora, faremos novas revoluções dentro da revolução". Ele estava ecoando o manifesto de coronéis da Escola de Comando e Estado-Maior do Exército que, no mês anterior, reclamavam "uma revolução dentro da revolução". O AI-5 não expressou uma mudança da natureza do regime militar, que já havia se inaugurado durante o governo de Castelo, pois houve tortura e toda sorte de violência institucional antes dele. Com ele, houve, decerto, uma mudança de escala, mas não de natureza. Além disso, a ideia do "golpe dentro do golpe" não permite vislumbrar o caráter processual desses episódios. Quando sustento que o golpe civil-militar não pressupunha a ditadura militar, não pretendo atenuar sua dimensão negativa, ao contrário: minha intenção é justamente apontar o fracasso de muitos que o deflagraram. Civis como Magalhães Pinto e Carlos Lacerda pretendiam apenas mais uma intervenção "moderadora" dos militares.

Isso chama a atenção para o outro aspecto que me parece importante – e que nem sempre é devidamente sublinhado pelos analistas do tema. Isto é, o caráter elucidativo do golpe em si mesmo ou, como disse no início, a percepção de que 1964 foi o "evento-chave" da história do Brasil recente. Refiro-me à crença, largamente difundida na sociedade de então, de que era admissível uma intervenção violenta, arbitrária, para "pôr ordem na casa". É esse desapreço pela democracia que explica o apoio de tantos setores da sociedade ao golpe de 1964. Creio que esse é o ponto mais importante para retermos quando consideramos os episódios daquele ano. O apoio ou a tranquila aquiescência de tantos em relação ao golpe. Quando não distinguimos as duas coisas, vendo o golpe apenas como o evento inaugurador da ditadura, abrimos caminho para as leituras vitimizadoras, segundo as quais a sociedade – supostamente democrática – teria sido vítima de militares sádicos e desarvorados. Isso certamente não é correto.

Haveria espaço ainda hoje no Brasil para novos golpes militares? É difícil responder a essa pergunta. Provavelmente, não, até mesmo em função das novas configurações do cenário internacional e, também, por causa do perfil das Forças Armadas brasileiras na atualidade. O ideal, entretanto, seria podermos responder a essa pergunta com um não definitivo, garantindo que a sociedade brasileira não mais aceita fórmulas autoritárias para a resolução de seus conflitos. Podemos fazê-lo?

Cronologia

1961
25/8 – Renúncia de Jânio Quadros.
30/8 – Ministros militares declaram-se contrários à posse de João Goulart.
2/9 – Instituído o sistema parlamentarista de governo como resultado do acordo que possibilitaria a posse do vice-presidente João Goulart.
7/9 – Posse de João Goulart.

1962
2/2 – Criação oficial do Instituto de Pesquisas e Estudos Sociais (Ipes), que conspiraria contra o governo Goulart.
14/9 – Aprovação do projeto que antecipava o plebiscito sobre o parlamentarismo para 6 de janeiro de 1963.

1963

24/1 – Retorno ao sistema presidencialista de governo, após plebiscito realizado no dia 6 que não referendou o parlamentarismo.

5/5 – Leonel Brizola faz violento discurso contra o general Antônio Carlos Murici, que geraria manifestações de desagravo por parte de vários militares.

12/5 – Cerca de mil suboficiais, sargentos e cabos pleiteiam no Rio de Janeiro o direito de serem eleitos.

4/8 – Castelo Branco assume a chefia do Estado-Maior do Exército.

7/8 – Projeto de Milton Campos sobre a reforma agrária é rejeitado.

23/8 – Comício do Comando Geral dos Trabalhadores (CGT) pelo aniversário da morte de Getúlio Vargas com a presença de Goulart. Presentes exigem definição do presidente durante seu discurso. Goulart promete que reformas serão implementadas.

24/8 – Goulart afirma intenção de liderar campanha popular para "forçar Congresso a se curvar à realidade".

12/9 – Revolta de sargentos da Aeronáutica e da Marinha em Brasília.

4/10 – Goulart solicita ao Congresso Nacional a decretação do estado de sítio.

7/10 – Goulart retira o pedido de decretação do estado de sítio.

17/10 – Rejeitada emenda do PTB sobre reforma agrária na Câmara dos Deputados.

Novembro – Greve dos cortadores de cana em Pernambuco e parte da Paraíba.

1964

17/1 – Regulamentação da lei de remessas de lucros.

13/3 – Comício da Central do Brasil ou "das Reformas".

19/3 – Marcha da Família, com Deus, pela Liberdade em São Paulo (SP), espécie de resposta ao Comício da Central.

19/3 – O jornalista Ted Szulc publica, no *The New York Times*, matéria intitulada "U.S. May Abandon Effort to Deter Latin Dictators", segundo a qual, no dia 16, o secretário adjunto do Departamento de Estado, Thomas Mann, teria anunciado nova doutrina, que levaria seu nome, pela qual os EUA não negariam apoio às ditaduras militares.

20/3 – O chefe do Estado-Maior do Exército, general Castelo Branco, divulga circular reservada entre seus subordinados contra João Goulart.

21/3 – O PSD lança a candidatura de Juscelino Kubitschek para presidente da República tendo em vista as eleições de 1965.

21/3 – Marcha da Família, com Deus, pela Liberdade em Araraquara (SP).

21/3 – Marcha da Família, com Deus, pela Liberdade em Assis (SP).

24/3 – Marcha da Família, com Deus, pela Liberdade em Bandeirantes (PR).

25/3 – Revolta dos marinheiros e fuzileiros navais.

25/3 – Marcha da Família, com Deus, pela Liberdade em Santos (SP).

28/3 – Marcha da Família, com Deus, pela Liberdade em Itapetininga (SP).

28/3 – O marechal Denis reúne-se com o governador Magalhães Pinto no aeroporto de Juiz de Fora (MG) e o convence de que Jango tinha planos de fazer uma reforma constitucional no dia 1º de maio, iminência de um golpe que instauraria suposta "república sindicalista". Com o apoio do comandante da PM, Magalhães autoriza a movimentação de tropas que resultaria no golpe de 31 de março.

28/3 – O marechal Odílio Denis pede a seu filho que informe Costa e Silva e Castelo Branco dos preparativos do golpe. Costa e Silva reage com ceticismo subestimando a capacidade de iniciativa de Mourão.

29/3 – Marcha da Família, com Deus, pela Liberdade em Atibaia (SP).

29/3 – Marcha da Família, com Deus, pela Liberdade em Ipauçu (SP).

29/3 – Marcha da Família, com Deus, pela Liberdade em Tatuí (SP).

30/3 – 12º Regimento de Infantaria, sediado em BH, sob comando do coronel Dióscoro Gonçalves do Valle, entra em ordem de marcha, por determinação do general Guedes, iniciando o golpe de 1964.

30/3 – João Goulart faz discurso denunciando críticas ao seu governo durante festa dos sargentos da PM.

31/3 – Inicia-se o movimento militar em Minas Gerais com deslocamento de tropas comandadas pelo general Mourão Filho.

31/3 – Castelo Branco telefona ao governador Magalhães Pinto e ao general Mourão pedindo que a movimentação de tropas fosse interrompida pois, segundo ele, o movimento fracassaria derrotado pelas forças governamentais, não sendo atendido por nenhum dos dois.

1º/4 – João Goulart segue do Rio de Janeiro para Brasília.

1º/4 – Marcha da Família, com Deus, pela Liberdade em São João da Boa Vista (SP).

2/4 – João Goulart segue de Brasília para Porto Alegre. De lá, sairia do Brasil.

2/4 – General Costa e Silva autonomeia-se comandante em chefe do Exército Nacional e organiza o "Comando Supremo da Revolução".

2/4 – Marcha da Família, com Deus, pela Liberdade em Londrina (PR).

2/4 – Marcha da Família, com Deus, pela Liberdade no Rio de Janeiro (RJ).

2/4 – Marcha da Família, com Deus, pela Liberdade em São Carlos (SP).

2/4 – O Congresso Nacional declara vaga a Presidência da República. Posse do presidente da Câmara dos Deputados, Ranieri Mazzilli, na Presidência da República.

3/4 – Marcha da Família, com Deus, pela Liberdade em Uberlândia (MG).

3/4 – Reunião de Costa e Silva com os governadores que apoiaram o golpe nas primeiras horas do dia 3 a fim de escolher o nome do efetivo presidente da República. Os governadores, previamente acertados, tinham chegado, à tarde, em reunião no Palácio Guanabara, ao nome do general Castelo Branco. Costa e Silva reagiu duramente, rejeitando o nome de Castelo, alegando não ser a ocasião de se escolher um militar nem de se fazer qualquer eleição. A reunião foi suspensa já ao alvorecer, sendo retomada horas depois, quando Costa e Silva foi finalmente convencido.

4/4 – O nome do general Castelo Branco é indicado para a Presidência da República pelos líderes do golpe.

4/4 – Marcha da Família, com Deus, pela Liberdade em Rio Claro (SP).
5/4 – Marcha da Família, com Deus, pela Liberdade em Barbacena (MG).
5/4 – Marcha da Família, com Deus, pela Liberdade em Jaú (SP).
5/4 – Marcha da Família, com Deus, pela Liberdade em Maceió (AL).
5/4 – Marcha da Família, com Deus, pela Liberdade em Pádua (RJ).
5/4 – Carlos Lacerda, irritado com o tratamento que recebeu de Costa e Silva na reunião em que o nome de Castelo Branco foi indicado, dirige-lhe uma carta, acusando-o de ditador e renunciando ao governo da Guanabara. A carta nunca chegou ao seu destino porque o portador, Juracy Magalhães, não a entregou.
7/4 – O Congresso Nacional discute se concede ou não poderes de cassação de mandatos aos golpistas vitoriosos.
7/4 – Marcha da Família, com Deus, pela Liberdade em Campinas (SP).
8/4 – Marcha da Família, com Deus, pela Liberdade em Amparo (SP).
8/4 – Marcha da Família, com Deus, pela Liberdade em Franca (SP).
9/4 – Decretado o Ato Institucional que confere ao presidente da República poderes para cassar mandatos eletivos e suspender direitos políticos até 15 de junho de 1964, entre outros poderes discricionários.
9/4 – Marcha da Família, com Deus, pela Liberdade em Mogi Guaçu (SP).
9/4 – Marcha da Família, com Deus, pela Liberdade em Recife (PE).
10/4 – Reunião de Castelo Branco com líderes do PSD durante a qual Castelo obtém o apoio do partido mediante garantia de que as eleições presidenciais de 1965 seriam mantidas.
11/4 – Eleição indireta de Castelo Branco pelo Congresso Nacional para a Presidência da República.
11/4 – Marcha da Família, com Deus, pela Liberdade em Passos (MG).
11/4 – Marcha da Família, com Deus, pela Liberdade em Presidente Prudente (SP).
12/4 – Marcha da Família, com Deus, pela Liberdade em Taubaté (SP).
12/4 – Marcha da Família, com Deus, pela Liberdade em Periqui (SP).

12/4 – Marcha da Família, com Deus, pela Liberdade em Botucatu (SP).
13/4 – Marcha da Família, com Deus, pela Liberdade em Campos (RJ).
15/4 – Castelo Branco é empossado na Presidência da República.
15/4 – Marcha da Família, com Deus, pela Liberdade em Brasília (DF).
15/4 – Marcha da Família, com Deus, pela Liberdade em Capivari (SP).
15/4 – Marcha da Família, com Deus, pela Liberdade em Lorena (SP).
16/4 – Marcha da Família, com Deus, pela Liberdade em Dois Córregos (SP).
16/4 – Marcha da Família, com Deus, pela Liberdade em Lavras (MG).
18/4 – Marcha da Família, com Deus, pela Liberdade em Conselheiro Lafaiete (MG).
18/4 – Marcha da Família, com Deus, pela Liberdade em Indaiatuba (SP).
18/4 – Marcha da Família, com Deus, pela Liberdade em Santa Bárbara D'Oeste (SP).
19/4 – Marcha da Família, com Deus, pela Liberdade em Jacareí (SP).
21/4 – Marcha da Família, com Deus, pela Liberdade em Formiga (MG).
22/4 – Marcha da Família, com Deus, pela Liberdade em Teresina (PI).
25/4 – Marcha da Família, com Deus, pela Liberdade em Cachoeira Paulista (SP).
26/4 – Marcha da Família, com Deus, pela Liberdade em Campos do Jordão (SP).
1º/5 – Marcha da Família, com Deus, pela Liberdade em Pains (MG).
1º/5 – Marcha da Família, com Deus, pela Liberdade em São José dos Campos (SP).
2/5 – O governo brasileiro rompe relações diplomáticas com Cuba.
13/5 – Marcha da Família, com Deus, pela Liberdade em Aparecida (SP).
13/5 – Marcha da Família, com Deus, pela Liberdade em Belo Horizonte (MG).
13/5 – Marcha da Família, com Deus, pela Liberdade em Goiânia (GO).
15/5 – Marcha da Família, com Deus, pela Liberdade em Niterói (RJ).
7/6 – Marcha da Família, com Deus, pela Liberdade em Caxias (RJ).
8/6 – Marcha da Família, com Deus, pela Liberdade em Magé (RJ).
10/6 – Suspensão dos direitos políticos de Juscelino Kubitschek.

13/6 – Criado o Serviço Nacional de Informações (SNI).
15/6 – Data final para cassar mandatos e suspender direitos políticos conforme art. 10 do Ato Institucional.
22/7 – Prorrogado o mandato do marechal Castelo Branco até 15 de março de 1967, sendo adiadas as eleições presidenciais para outubro de 1966.
Setembro – Divulgada a morte do sargento Manuel Alves de Oliveira, em decorrência de tortura, em 8 de maio, no Hospital Central do Exército.
Setembro – Missão Geisel: Ernesto Geisel, chefe do Gabinete Militar da Presidência da República, apura denúncias de tortura.
27/10 – Declarada a extinção da União Nacional dos Estudantes (UNE).
9/11 – Sancionada a Lei nº 4.464 (Lei Suplicy) proibindo atividades políticas estudantis.

1965

Fevereiro – A Liga Democrática Radical (Líder) pede o endurecimento do regime com o restabelecimento do Comando Revolucionário e o fechamento do Congresso.
25/3 – Invasão da Rádio Difusora de Três Passos (RS) pelo coronel Jefferson Cardim por inspiração do "Movimento Nacionalista Revolucionário" de Leonel Brizola.
8/9 – Invasão da UnB em função de greve que protestava contra a demissão de professores.
3/10 – A oposição vence em Minas Gerais e na Guanabara nas eleições para governadores de 11 estados.
5/10 – Militares da linha dura manifestam-se contra a posse dos governadores de oposição eleitos. A mediação do ministro da Guerra, Costa e Silva, o projeta ainda mais no governo e na liderança da linha dura.
Outubro – Castelo Branco tenta obter do Congresso Nacional as medidas exigidas pela linha dura e não consegue.

27/10 – Ato Institucional nº 2 extingue os partidos existentes, atribui à Justiça Militar o julgamento de civis acusados de crimes contra a segurança nacional e confere ao presidente da República poderes para cassar mandatos eletivos e suspender direitos políticos até 15 de março de 1967, entre outros dispositivos.

Referências

Há muitos livros que tratam do golpe de 1964. Mais adiante, listarei alguns. Mas eu gostaria de recomendar, em especial, a leitura de determinados trabalhos aos que desejem conhecer melhor o assunto.

Há um conjunto muito interessante de livros que foram publicados imediatamente após o golpe. São verdadeiros *instant books*, como diríamos hoje, isto é, trabalhos produzidos no calor da hora. Quase todos foram escritos por jornalistas e são úteis ao leitor que deseja, por assim dizer, mergulhar na atmosfera da época. O mais famoso foi organizado por Alberto Dines (*Os idos de março e a queda em abril*. Rio de Janeiro: José Álvaro, 1964). Também merecem menção os seguintes: ALVES, Márcio Moreira. *Torturas e torturados*. Rio de Janeiro: s.n., 1964; CONY, Carlos Heitor. *O ato e o fato*: crônicas políticas. Rio de Janeiro: Civilização Brasileira, 1964; TÁVORA, Araken. *Brasil, 1º de abril*. Rio de Janeiro: Bruno [Buccini?], 1964; MOREL, Edmar. *O golpe começou em Washington*. Rio de Janeiro: Civilização Brasileira, 1965; JUREMA, Abelardo. *Sexta-feira 13*: os últimos dias do governo Goulart. Rio de Janeiro: Edições O Cruzeiro, 1966; e MONIZ, Edmundo. *O golpe de abril*. Rio de Janeiro: Civilização Brasileira, 1965.

Também nesta linha da crônica política, com análises dos episódios do quotidiano, há o livro do famoso jornalista Carlos Castello Branco, *Introdução à revolução de 1964*. 1. tomo: Agonia do poder civil. Rio de Janeiro: Arte Nova, 1975.

Até pouco tempo, João Goulart não contava com boas análises. Hoje, a situação mudou. Para quem deseja conhecer a trajetória do presidente deposto, há um bom conjunto de estudos: BANDEIRA, Moniz. *O governo João Goulart*. As lutas sociais no Brasil: 1961-1964. Rio de Janeiro: Civilização Brasileira 1978; GOMES, Angela de Castro; FERREIRA, Jorge. *Jango: as múltiplas faces*. Rio de Janeiro: FGV, 2007; VILLA, Marco Antonio. *Jango: um perfil (1945-1964)*. São Paulo: Globo, 2004; FERREIRA, Marieta de Moraes (Ed.). *João Goulart: entre a memória e a história*. Rio de Janeiro: FGV, 2006; MOTTA, Rodrigo Patto Sá. *Jango e o golpe de 1964 na caricatura*. Rio de Janeiro: Jorge Zahar, 2006; FERREIRA, Jorge. *João Goulart: uma biografia*. Rio de Janeiro: Civilização Brasileira, 2011; e TOLEDO, Caio Navarro de. *O governo Goulart e o golpe de 64*. São Paulo: Brasiliense, 1982.

Outro personagem central, Castelo Branco, conta com algumas biografias, duas das quais benevolentes (VIANA FILHO, Luís. *O governo Castelo Branco*. Rio de Janeiro: José Olympio, 1975 e DULLES, John W. F. *Castello Branco: o caminho para a presidência*. Rio de Janeiro: José Olympio, 1979) e uma do jornalista Lira Neto (*Castelo: a marcha para a ditadura*. São Paulo: Contexto, 2004).

Se o leitor deseja conhecer melhor o pensamento dos militares, deve voltar-se para as excelentes entrevistas feitas pelo Centro de Pesquisa e Documentação de História Contemporânea do Brasil da Fundação Getulio Vargas: D'ARAUJO, Maria Celina; SOARES, Gláucio Ary Dillon; CASTRO, Celso (Intr., Org.). *Visões do golpe*: a memória militar sobre 1964. Rio de Janeiro: Relume-Dumará, 1994.

Para detalhes sobre a "Operação Brother Sam" pode-se consultar CORRÊA, Marcos Sá. *1964: visto e comentado pela Casa Branca*. Porto Alegre: L&PM, 1977; PARKER, Phyllis R. *1964: o papel dos Estados Unidos no golpe de Estado de 31 de março*. Rio de Janeiro: Civilização Brasileira, 1977; e o meu próprio livro *O grande irmão*: da Operação Brother Sam aos anos de chumbo. O governo dos Estados Unidos e a ditadura militar brasileira. Rio de Janeiro: Civilização Brasileira, 2008.

Há balanços gerais que são muito úteis para termos uma visão panorâmica da temática do golpe e da ditadura. Destacaria SOARES, Gláucio Ary Dillon; D'ARAUJO, Maria Celina. *21 anos de regime militar*: balanços e perspectivas. Rio de Janeiro: FGV, 1994; TOLEDO, Caio Navarro de (Org.). *1964: visões críticas do golpe*: democracia e reformas no populismo. Campinas: Unicamp, 1997; *1964-2004 – 40 Anos do Golpe*. Ditadura Militar e Resistência no Brasil (Anais do Seminário). Rio de Janeiro: 7Letras, 2004; REIS, Daniel Aarão; RIDENTI, Marcelo; MOTTA, Rodrigo Patto Sá (Org.). *O golpe e a ditadura militar 40 anos depois (1964-2004)*. Bauru, Edusc, 2004; e o meu balanço por ocasião dos quarenta anos do golpe (*Além do golpe*: versões e controvérsias sobre 1964 e a ditadura militar. Rio de Janeiro: Record, 2004).

Para o estudante universitário às voltas com projetos acadêmicos, é indispensável conhecer a literatura clássica sobre o tema. É preciso citar pelo menos os seguintes livros: ALVES, Maria Helena Moreira. *Estado e oposição no Brasil (1964-1984)*. Petrópolis: Vozes, 1984; DREIFUSS, René Armand. *1964: a conquista do Estado*: ação política, poder e golpe de classe. Rio de Janeiro: Vozes, 1981; KLEIN, Lucia; FIGUEIREDO, Marcus F. *Legitimidade e coação no Brasil pós-64*. Rio de Janeiro: Forense-Universitária, 1978; SKIDMORE, Thomas. *Brasil: de Getúlio a Castelo*. Rio de Janeiro: Paz e Terra, 1982; SKIDMORE, Thomas. *Brasil: de Castelo a Tancredo. 1964-1985*. Rio de Janeiro: Paz e Terra, 1988; e STEPAN, Alfred C. *Os militares na política*. Rio de Janeiro: Artenova, 1975.

Uma linha de pesquisa que vem se desenvolvendo recentemente diz respeito à abordagem do golpe fora do eixo Rio-São Paulo. Isso se deve aos programas de pós-graduação em história espalhados por todo o Brasil. Algumas teses de doutorado e dissertações de mestrado ainda são inéditas, mas vale a pena ir atrás delas. Eu recomendaria a leitura dos seguintes: CITTADINO, Monique. *Populismo e golpe de estado na Paraíba (1945-1964)*. João Pessoa: Universitária; Ideia, 1998; LIMA, Mateus da Fonseca Capssa Lima. *Movimento estudantil e ditadura civil-militar em Santa Maria (1964-1968)*. Dissertação (mestrado) – Programa de Pós-graduação em História, Universidade Federal de Santa Maria, Santa Maria, 2013; e PRESOT, Aline Alves. *As "Marchas da Família, com Deus, pela Liberdade" e o Golpe de 1964*. Dissertação (mestrado) – Programa de Pós-graduação em História Social, Universidade Federal do Rio de Janeiro, Rio de Janeiro, 2004.

O pesquisador também se beneficia da leitura de biografias e memórias. Algumas prazerosas, como a de Darcy Ribeiro (*Confissões*. São Paulo: Companhia das Letras, 1997), outras incrivelmente áridas, como a que o general Jayme Portella de Mello escreveu sobre Costa e Silva (*A revolução e o governo Costa e Silva*. Rio de Janeiro: Guavira, 1979). Comparar as interpretações de Celso Furtado e de Roberto Campos sobre o período, a partir de suas biografias, é muito útil para detectar o perfil ideológico de personagens tão distintos que, apesar disso, possuíam algumas afinidades. Na bibliografia a seguir há outras biografias.

Antes, porém, uma nota para os jovens pesquisadores: os jornais da época foram muito pouco explorados e a boa notícia é que alguns deles estão disponíveis na internet, digitalizados, como o *Jornal do Brasil*, a *Folha de S.Paulo* e *O Globo*.

Por fim, uma sugestão aos professores da educação básica: os documentários sobre o período são uma excelente forma de estimular o interesse dos alunos pelo tema do golpe de 64. Alguns, como o de Camilo Tavares (*O dia que durou 21 anos*), são muito bem documentados. Outros muito bons são *Jango*, de Sílvio Tendler, e *Dossiê Jango*, de Paulo Henrique Fontenelle.

Afora o que já foi mencionado, há também a seguinte bibliografia:

AFFONSO, Almino. *Raízes do golpe*: da crise da legalidade ao parlamentarismo. São Paulo: Marco Zero, 1988.

ALMEIDA, Anderson da Silva. *Todo o leme a bombordo*: marinheiros e ditadura civil-militar no Brasil da rebelião de 1964 à anistia. Rio de Janeiro: Arquivo Nacional, 2012.

ALVIM, Thereza Cesario. *O golpe de 64*: a imprensa disse não. Rio de Janeiro: Civilização Brasileira, 1979.

ANDRADE, Auro Moura. *Um congresso contra o arbítrio*: diários e memórias (1961-1967). Rio de Janeiro: Nova Fronteira, 1985.

ANDRADE, Manuel Correia de. *1964 e o Nordeste*. Golpe, revolução ou contrarrevolução. São Paulo: Contexto, 1989.

ASSIS, Denise. *Propaganda e cinema a serviço do golpe – 1962/1964*. Rio de Janeiro: Mauad, 2001.

AZEVEDO, Cecília. *Em nome da "América"*: os Corpos da Paz no Brasil (1961-1981). Tese (doutorado) – Programa de Pós-graduação em História Social, Universidade de São Paulo, São Paulo, 1999.

BALL, George W. *Oral history interview with George Ball*. Interview II, 7 de setembro de 1971, by Paige E. Mulhollan, LBJ Library, Austin.

BARRETO, Egídio. *Heranças de abril*: um enfoque sobre o golpe de 64 e seus desdobramentos na vida social brasileira. Fortaleza: E. Barreto, 1991.

BESCHLOSS, Michael R. (Ed.). *Reaching for glory*: Lyndon Johnson's White House tapes, 1964-1965. Nova York: Simon & Schuster, 2001.

BEZERRA, Gregório. *Memórias (segunda parte: 1946-1969)*. Rio de Janeiro: Civilização Brasileira, 1979.

BORGES, Mauro. *O golpe em Goiás*. História de uma traição. Rio de Janeiro: Civilização Brasileira, 1965.

BLACK, Jan Knippers. *United States penetration of Brazil*. Philadelphia: University of Pennsylvania Press, 1977.

BRANCO, Carlos Castello. *Os militares no poder*: Castelo Branco. 3. ed. Rio de Janeiro: Nova Fronteira, 1977.

CAMPOS, Roberto. *A lanterna na popa*: memórias. Rio de Janeiro: Topbooks, 1994.

CANTARINO, Geraldo. *1964 – A Revolução para inglês ver*. Rio de Janeiro: Mauad, 1999.

CAPITANI, Avelino Bioen. *A rebelião dos marinheiros*. São Paulo: Expressão Popular, 2005.

CARDOSO, Fernando Henrique. *La cuestión del Estado en Brasil*. Lima: Taller de Estudios Políticos, Programa Académico de CCSS, Universidad Católica del Perú, 1977.

CARVALHO, Nanci Valadares de (Org., Int.). *Trilogia do terror*: a implantação, 1964. São Paulo: Vértice, 1988.

CHIAVENATO, Julio José. *O golpe de 64 e a ditadura militar*. São Paulo: Editora Moderna, 1994.

COMBLIN, Joseph. *A ideologia da segurança nacional*: o poder militar na América Latina. Tradução de A. Veiga Filho. 2. ed. Rio de Janeiro: Civilização Brasileira, 1978.

CONY, Carlos Heitor. *A revolução dos caranguejos*. São Paulo: Companhia das Letras, 2004.

CORDEIRO, Janaina Martins. *Direitas em movimento*: a Campanha da Mulher pela Democracia e a ditadura no Brasil. Rio de Janeiro: FGV, 2009.

COUTO, Adolpho João de Paula. *Revolução de 1964*: a versão e o fato. Porto Alegre: Gente do Livro, 1999.

COUTO, Ronaldo Costa. *História indiscreta da ditadura e da abertura*. Brasil: 1964-1985. Rio de Janeiro: Record, 1998.

CUNHA, Vasco Leitão da. *Diplomacia em alto-mar*: depoimento ao Cpdoc. 2. ed. Rio de Janeiro: FGV; Funag, 2003.

D'AGUIAR, Hernani. *A revolução por dentro*. Rio de Janeiro: Artenova, 1976.

D'ARAUJO, Maria Celina; CASTRO, Celso (Org.). *Ernesto Geisel*. 2. ed. Rio de Janeiro: FGV, 1997.

D'ARAUJO, Maria Celina; SOARES, Gláucio Ary Dillon; CASTRO, Celso (Intr., Org.). *Memória viva do regime militar*. Rio de Janeiro: Record, 1999.

DEODATO, Alberto. *Nos tempos do João Goulart*. Belo Horizonte: Itatiaia, 1965.

DIAS, Luiz Antonio. Informação e formação: apontamentos sobre a atuação da grande imprensa paulistana no golpe de 1964. *O Estado de S. Paulo* e a *Folha de S.Paulo*. In: ODÁLIA, Nilo; CALDEIRA, João

Ricardo de Castro (Org.). *História do estado de São Paulo*: a formação da unidade paulista. São Paulo: Imprensa Oficial; Editora Unesp; Arquivo do Estado, 2010. v. 3, p. 394-424.

DULLES, John W. F. *Carlos Lacerda, Brazilian crusader*. Austin: University of Texas Press, 1996.

FERREIRA, Jorge. A legalidade traída: os dias sombrios de agosto e setembro de 1961. *Tempo*, Rio de Janeiro, v. 2, n. 3, p. 149-182, jul. 1997.

_____. Sociedade e esquerdas no Brasil: da legalidade democrática às reformas de base (1961-1964). In: MARTINHO, Francisco Carlos Palomanes (Org.). *Democracia e ditadura no Brasil*. Rio de Janeiro: Eduerj, 2006. p. 89-108.

FICO, Carlos. La *classe média* brésilienne face au régime militaire: du soutien à la désaffection (1964-1985). *Vingtième Siècle Revue D'Histoire*, n. 105, p. 155-168, jan./mars 2010.

_____. O Brasil no contexto da Guerra Fria: democracia, subdesenvolvimento e ideologia do planejamento (1946-1964). In: MOTA, Carlos Guilherme (Org.). *Viagem incompleta. A experiência brasileira (1500-2000)*: a grande transação. São Paulo: SENAC, 2000. p. 163-182.

_____. Versões e controvérsias sobre 1964 e a ditadura militar. *Revista Brasileira de História*, São Paulo, v. 24, n. 47, p. 29-60, 2004.

FIECHTER, Georges-André. *O regime modernizador do Brasil 1964/1972*. Rio de Janeiro: FGV, 1972.

FIGUEIREDO, Argelina Cheibub. *Democracia ou reformas?* Alternativas democráticas à crise política: 1961-1964. São Paulo: Paz e Terra, 1993.

FRANCIS, Paulo. 1º aniversário do golpe. Quem deu, quem levou, reações possíveis. *Civilização Brasileira*, Rio de Janeiro, n. 2, p. 61-70, maio 1965.

_____. Tempos de Goulart. *Civilização Brasileira*, n. 7, p.75-91, maio 1966.

FRANCO, Afonso Arinos de Melo. *A escalada*: memórias. Rio de Janeiro: José Olympio, 1965.

_____. *Planalto*: memórias. Rio de Janeiro: José Olympio, 1968.

FROÉS, Hemílcio. *Véspera do primeiro de abril ou nacionalistas × entreguistas*. Rio de Janeiro: Imago, 1993.

FURTADO, Celso. *Obra autobiográfica*. Rio de Janeiro: Paz e Terra, 1997.

GALEANO, Eduardo. The ambivalence of Jango Goulart. In: FAGEN, Richard; WAYNE, Cornelius. *A political power in Latin America*: 7 confrontations. Nova Jersey: Prentice-Hall, 1970. p. 201-205.

GASPARI, Elio. *A ditadura envergonhada*. São Paulo: Companhia das Letras, 2002.

GOMES, Angela de Castro. Na antecâmara do golpe. *Revista Brasileira de História*, São Paulo, v. 14, n. 27, p. 213-221, 1994.

GONÇALVES, Maria da Glória Rodrigues. *Natureza da crise política no Brasil de 1964*. Abordagens e diagnósticos. Dissertação (mestrado) – Instituto Universitário de Pesquisas do Rio de Janeiro, Rio de Janeiro, 1994.

GORDON, Lincoln. *A segunda chance do Brasil*: a caminho do primeiro mundo. São Paulo: Senac, 2002.

GORENDER, Jacob. *Combate nas trevas*. A esquerda brasileira: das ilusões perdidas à luta armada. São Paulo: Ática, 1987.

GOUTHIER, Hugo. *Presença*: memórias. Rio de Janeiro: Record, 1982.

GREEN, James, N. Reiventando a história: Lincoln Gordon e as suas múltiplas versões de 1964. *Revista Brasileira de História*, v. 29, n. 57, p. 67-89, jun. 2009.

HELLER, Milton Ivan. *Memórias de 1964 no Paraná*. Curitiba: Imprensa Oficial do Paraná, 2000.

HOROWITZ, Irving Louis. *Revolución en el Brasil*. Política y sociedad de Vargas a Goulart (1930-1964). México: Fondo de Cultura Económica, 1966.

JOHNSON III, Ollie Andrew. *Brazilian party politics and the coup of 1964*. Gainesville: University Press of Florida, 2001.

KOTSCHO, Ricardo. *Do golpe ao Planalto*: uma vida de repórter. São Paulo: Companhia das Letras, 2006.

KRIEGER, Daniel. *Desde as missões...* Saudades, lutas, esperanças. Rio de Janeiro: José Olympio, 1976.

KUNZ, Diane B. (Ed.). *The diplomacy of the crucial decade*: American foreign relations during the 1960s. Nova York: Columbia University Press, 1994.

LACERDA, Carlos. *Depoimento*. Organização do texto, notas e seleção de documentos de Cláudio Lacerda Paiva. Rio de Janeiro: Nova Fronteira, 1978.

LEACOCK, Ruth. *Requiem for Revolution*: The United States and Brazil, 1961-1969. Kent: The Kent State University Press, 1990. (American Diplomatic History)

LOPEZ, Luiz Roberto. *João Goulart*. Porto Alegre: IEL, 1990.

MACHADO, Jório. *1964, a opressão dos quartéis*. João Pessoa: Editora O Combate, 1991.

MAGALHÃES, Juracy. *Minha experiência diplomática*. Coleção organizada e anotada por Cláudio Garcia de Sousa. Rio de Janeiro: José Olympio, 1971.

_____. *Minhas memórias provisórias*. Depoimento prestado ao Cpdoc [Alzira Alves de Abreu (Coord.), Eduardo Raposo e Paulo César Farah]. Rio de Janeiro: Civilização Brasileira, 1982. (Retratos do Brasil, 157)

MALAN, Pedro Sampaio. Relações econômicas internacionais do Brasil (1945-1964). In: FAUSTO, Boris (dir.). *História geral da civilização brasileira*: o Brasil republicano. Economia e cultura. São Paulo: Difel, 1984. p. 51-106.

MANN, Thomas. *Oral history interview with Thomas C. Mann*. Austin, Texas, April 11, 1968, by Joe B. Frantz, LBJ Library.

MANN, Thomas. *Oral history interview with Thomas C. Mann*. Austin, Texas, June 12, 1974, by Richard D. McKinzie. Harry S. Truman Library.

MARKUN, Paulo; HAMILTON, Duda. *1961: que as armas não falem*. São Paulo: Senac, 2001.

MARTINS FILHO, João Roberto. *Movimento estudantil e ditadura militar:* 1964-68. Campinas: Papirus, 1987.

MENDES, Ricardo Antônio Souza. Antirreformismo e a questão social no Brasil: o golpe de 1964. In: FREIXO, Adriano de; MUNTEAL FILHO, Oswaldo (Org.). *A ditadura em debate*: Estado e sociedade nos anos do autoritarismo. Rio de Janeiro: Contraponto, 2005.

_____. Direitas, desenvolvimento e o movimento de 1964. In: MARTINHO, Francisco Carlos Palomanes (Org.). *Democracia e ditadura no Brasil*. Rio de Janeiro: Eduerj, 2006.

MIYAMOTO, Shiguenoli; GONÇALVES, Williams da Silva. Militares, diplomatas e política externa no Brasil pós-64. In: ALBUQUERQUE, José Augusto Guilhon (Org.). *Sessenta anos de política externa bra-*

sileira (1930-1990). Volume IV: Prioridades, atores e políticas. São Paulo: Núcleo de Pesquisa em Relações Internacionais da USP, 2000. p. 173-213.

MOISES, José Álvaro; BENEVIDES, Maria Vitória. O Estadão e o golpe de 64. *Lua Nova — Cultura e Política*, v. 1, n. 2, p. 26-31, jul./set. 1984.

MORAES, Dênis de. *A esquerda e o golpe de 64*: vinte e cinco anos depois, as forças populares repensam seus mitos, sonhos e ilusões. 2. ed. Rio de Janeiro: Espaço e Tempo, 1989.

MOURÃO FILHO, Olympio. *Memórias*: a verdade de um revolucionário. Porto Alegre: L&PM, 1978.

MUNTEAL FILHO, Oswaldo. Certezas e percepções da política em 1964. In: FREIXO, Adriano de; MUNTEAL FILHO, Oswaldo (Org.). *A ditadura em debate*: Estado e sociedade nos anos do autoritarismo. Rio de Janeiro: Contraponto, 2005.

OLIVEIRA, Beneval de. *O ódio destrói o Brasil*. Uma análise da crise política brasileira de 1961 a 1964. Rio de Janeiro: Tempo Brasileiro, 1965.

OLIVEIRA, Eliézer Rizzo. *As Forças Armadas*: política e ideologia no Brasil (1964-1969). Petrópolis: Vozes, 1976.

OLIVEIRA, Maria Rosa Duarte de. *João Goulart na imprensa*: de personalidade a personagem. São Paulo: Annablume, 1993.

PAES, Maria Helena Simões. *A década de 60*: rebeldia, contestação e repressão política. São Paulo: Ática, 1995.

PARKER, Phyllis R. *Brazil and the quiet intervention, 1964*. Austin: University of Texas Press, 1979.

PASSARINHO, Jarbas. *Um híbrido fértil*. Rio de Janeiro: Expressão e Cultura, 1996.

PEDREIRA, Fernando. *Março 31*: civis e militares no processo da crise brasileira. Rio de Janeiro: J. Álvaro, 1964.

PINHEIRO NETO, João. *Jango: um depoimento pessoal*. Rio de Janeiro: Record, 1993.

POWER, Margaret. The Transnational Impact of the 1964 Coup in Brazil: Conservative Women in Chile, 1964 to 1973. In: The Cultures of Dictatorship: Historical Reflections on the Brazilian "golpe" of 1964, 14 oct. 2004, Maryland.

PROENÇA, Ivan Cavalcanti. *O golpe militar e civil de 64*: 40 anos depois. Rio de Janeiro: Oficina do Livro, 2004.

QUADRAT, Samantha Viz. A ditadura civil-militar em tempo de (in)definições (1964-1968). In: MARTINHO, Francisco Carlos Palomanes (Org.). *Democracia e ditadura no Brasil*. Rio de Janeiro: Eduerj, 2006.

QUEIROZ, Manoel Virgílio de. *A elaboração de uma crise*: a inculpação e o alarmismo no golpe contra Goulart (1961/1964). Tese (doutorado) – Universidade de São Paulo, São Paulo, 1997.

RABE, Stephen G. *The Most Dangerous Area in the World*: John F. Kennedy Confronts Communist Revolution in Latin America. Chapel Hill: The University of North Carolina Press, 1999.

RAPOSO, Eduardo (Coord.). *1964 – 30 anos depois*. Rio de Janeiro: Agir, 1994.

RAPOPORT, Mario; LAUFER, Rubén. Os Estados Unidos diante do Brasil e da Argentina: os golpes militares da década de 1960. *Revista Brasileira de Política Internacional*, v. 43, n. 1, p. 69-98, 2000.

REALE, Miguel. *Imperativos da revolução de março*. São Paulo: Livraria Martins, 1965.

RIBEIRO, Ricardo Alaggio. *A Aliança para o Progresso e as relações Brasil-Estados Unidos*. Tese (doutorado) – Departamento de Ciência Política, da Universidade Estadual de Campinas, Campinas, 2006.

RYFF, Raul. *O fazendeiro Jango no governo*. Rio de Janeiro: Avenir, 1979. (Depoimentos, 15)

RODRIGUES, Flávio Luís. *Vozes do mar:* o movimento dos marinheiros e o golpe de 64. São Paulo: Cortez, 2004.

ROETT, Riordan (Ed.). *Brazil in the sixties*. Nashville: Vandelbilt University Press, 1972.

SALGADO DE SOUZA, Maria Inez. *Os empresários e a educação*. O Ipes e a política educacional após 1964. Petrópolis: Vozes, 1981.

SANTIAGO, Vandeck. *Francisco Julião, as Ligas e o golpe militar de 64*. Recife: Comunigraf, 2004.

SANTOS, Wanderley Guilherme dos. *O cálculo do conflito*: estabilidade e crise na política brasileira. Rio de Janeiro: UFMG; Iuperj, 2003.

____. *Quem dará o golpe no Brasil?* Rio de Janeiro: Civilização Brasileira, 1962.

____. *Sessenta e quatro: anatomia da crise*. São Paulo: Vértice 1986.

SCHILLING, Paulo. *Como se coloca a direita no poder*. Os protagonistas. São Paulo: Global, 1979.

SCHMITZ, David. *Thank God they're on our side*: The United States and right-wing dictatorships, 1921-1965. Chapel Hill: The University of North Carolina Press, 1999.

SILVA, Hélio. *1964: Golpe ou contragolpe?* Rio de Janeiro: Civilização Brasileira, 1975.

____. *1964: vinte anos de golpe militar*. Porto Alegre: L&PM, 1985.

____. *A crise político-militar de 1964*. Rio de Janeiro: Centro Cultural Candido Mendes; Sociedade Brasileira de Instrução, 1975.

____. *Março-64*. São Paulo: Editora Três, 1975.

SILVA, Marcos (Org.). *Brasil, 1964/1968*: a ditadura já era ditadura. São Paulo: LCTE, 2006.

SILVA, Themístocles de Castro e. *Antes e depois de 31 de março*. Fortaleza: Departamento de Imprensa Oficial, 1970.

SODRÉ, Martins. *31 de março de 1964*. Revolução autêntica ou simples quartelada? (assim é a "linha dura"). Salvador: Manu, 1964.

SODRÉ, Nelson Werneck. *A fúria de Calibã*: memórias do golpe de 64. Rio de Janeiro: Bertrand Brasil, 1994.

STARLING, Heloísa Maria Murgel. *Os senhores das Gerais*. Os novos inconfidentes e o golpe militar de 1964. Dissertação (mestrado) – Universidade Federal de Minas Gerais, Belo Horizonte, 1985.

TAVARES, Assis. Causas da derrocada de 1º de abril de 1964. *Revista Civilização Brasileira*, Rio de Janeiro, n. 8, p. 9-34. 1966.

TAVARES, Flávio. *Memórias do esquecimento*. São Paulo: Globo, 1999.

TOLEDO, Caio Navarro de. 1964: o golpe contra as reformas e a democracia populista. *Revista de Sociologia e Política*, Curitiba, n. 2, jun. 1994.

TUPINAMBÁ, Tarcísio. *1964: a revolução dos ricos*. Rio de Janeiro: Cátedra, 1985.

VICTOR, Mário. *Cinco anos que abalaram o Brasil*. Jânio Quadros ao marechal Castello Branco. Rio de Janeiro: Civilização Brasileira, 1965.

WALTERS, Vernon A. *Missões silenciosas*. Tradução de Heitor A. Herrera. Rio de Janeiro: Biblioteca do Exército, 1986.

WALLERSTEIN, Michael. O colapso da democracia no Brasil. Seus determinantes econômicos, *Dados*, Rio de Janeiro, v. 23, n. 3, p. 297-334, 1980.

WEIS, W. Michael. *Cold warriors & Coups d'Etat:* Brazilian-American relations, 1945-1964. Albuquerque: University of New Mexico Press, 1993.

_____. Government news management, bias and distortion in American press coverage of the Brazilian coup of 1964. *The Social Science Journal*, v. 34, n. 1, p. 35-55, 1997.

Livros publicados pela Coleção FGV de Bolso

(01) *A história na América Latina – ensaio de crítica historiográfica (2009)*
de Jurandir Malerba. *146p.*
Série 'História'

(02) *Os Brics e a ordem global (2009)*
de Andrew Hurrell, Neil MacFarlane, Rosemary Foot e Amrita Narlikar. *168p.*
Série 'Entenda o Mundo'

(03) *Brasil-Estados Unidos: desencontros e afinidades (2009)*
de Monica Hirst, com ensaio analítico de Andrew Hurrell. *244p.*
Série 'Entenda o Mundo'

(04) *Gringo na laje – produção, circulação e consumo da favela turística (2009)*
de Bianca Freire-Medeiros. *164p.*
Série 'Turismo'

(05) *Pensando com a sociologia (2009)*
de João Marcelo Ehlert Maia e Luiz Fernando Almeida Pereira. *132p.*
Série 'Sociedade & Cultura'

(06) *Políticas culturais no Brasil: dos anos 1930 ao século XXI (2009)*
de Lia Calabre. *144p.*
Série 'Sociedade & Cultura'

(07) *Política externa e poder militar no Brasil: universos paralelos (2009)*
de João Paulo Soares Alsina Júnior. *160p.*
Série 'Entenda o Mundo'

(08) *A mundialização (2009)*
de Jean-Pierre Paulet. *164p.*
Série 'Sociedade & Economia'

(09) *Geopolítica da África (2009)*
de Philippe Hugon. *172p.*
Série 'Entenda o Mundo'

(10) *Pequena introdução à filosofia (2009)*
de Françoise Raffin. *208p.*
Série 'Filosofia'

(11) *Indústria cultural – uma introdução (2010)*
de Rodrigo Duarte. *132p.*
Série 'Filosofia'

(12) *Antropologia das emoções (2010)*
de Claudia Barcellos Rezende e Maria Claudia Coelho. 136p.
Série 'Sociedade & Cultura'

(13) *O desafio historiográfico (2010)*
de José Carlos Reis. 160p.
Série 'História'

(14) *O que a China quer? (2010)*
de G. John Ikenberry, Jeffrey W. Legro, Rosemary Foot e Shaun Breslin. 132p.
Série 'Entenda o Mundo'

(15) *Os índios na História do Brasil (2010)*
de Maria Regina Celestino de Almeida. 164p.
Série 'História'

(16) *O que é o Ministério Público? (2010)*
de Alzira Alves de Abreu. 124p.
Série 'Sociedade & Cultura'

(17) *Campanha permanente: o Brasil e a reforma do Conselho de Segurança das Nações Unidas (2010)*
de João Augusto Costa Vargas. 132p.
Série 'Sociedade & Cultura'

(18) *Ensino de história e consciência histórica: implicações didáticas de uma discussão contemporânea (2011)*
de Luis Fernando Cerri. 138p.
Série 'História'

(19) *Obama e as Américas (2011)*
de Abraham Lowenthal, Laurence Whitehead e Theodore Piccone. 210p.
Série 'Entenda o Mundo'

(20) *Perspectivas macroeconômicas (2011)*
de Paulo Gala. 134p.
Série 'Economia & Gestão'

(21) *A história da China Popular no século XX (2012)*
de Shu Sheng. 204p.
Série 'História'

(22) *Ditaduras contemporâneas (2013)*
de Maurício Santoro. 140p.
Série 'Entenda o Mundo'

(23) *Destinos do turismo – percursos para a sustentabilidade (2013)*
de Helena Araújo Costa. 166p.
Série 'Turismo'

(24) *A construção da Nação Canarinho – uma história institucional da seleção brasileira de futebol, 1914 - 1970 (2013)*
de Carlos Eduardo Barbosa Sarmento. 180p.
Série 'História'

(25) *A era das conquistas – América espanhola, séculos XVI e XVII (2013)*
de Ronaldo Raminelli. 180p.
Série 'História'

(26) *As Misericórdias portuguesas – séculos XVI e XVII (2013)*
de Isabel dos Guimarães Sá. 150p.
Série 'História'

(27) *A política dos palcos – teatro no primeiro governo Vargas (1930-1945) (2013)*
de Angélica Ricci Camargo. 150p.
Série 'História'

(28) *A Bolsa no bolso – Fundamentos para investimentos em ações (2013)*
de Moises e Ilda Spritzer. 144p.
Série 'Economia & Gestão'

(29) *O que é Creative Commons? Novos modelos de direito autoral em um mundo mais criativo (2013)*
de Sérgio Branco e Walter Britto. 176p.
Série 'Direito e Sociedade'

(30) *A América portuguesa e os sistemas atlânticos na Época Moderna - Monarquia pluricontinental e Antigo Regime (2013)*
de João Fragoso, Roberto Guedes e Thiago Krause. 184p.
Série 'História'

(31) *O Bolsa Família e a social-democracia (2013)*
de Débora Thomé. 158p.
Série 'Sociedade & Cultura'

(32) *A Índia na ordem global (2013)*
de Oliver Stuenkel (Coord.). 120p.
Série 'Entenda o Mundo'

(33) *Escravidão e liberdade nas Américas (2013)*
de Keila Grinberg e Sue Peabody. 146p.
Série 'História'

(34) *Meios alternativos de solução de conflitos (2013)*
de Daniela Gabbay, Diego Faleck e Fernanda Tartuce. 104p.
Série 'Direito & Sociedade'

Este livro foi impresso nas oficinas gráficas da Editora Vozes Ltda.,
Rua Frei Luís, 100 – Petrópolis, RJ,